나의
아침
사용설명서

나의 아침 사용설명서

지은이 **해빗네스트** · 옮긴이 **양지하**

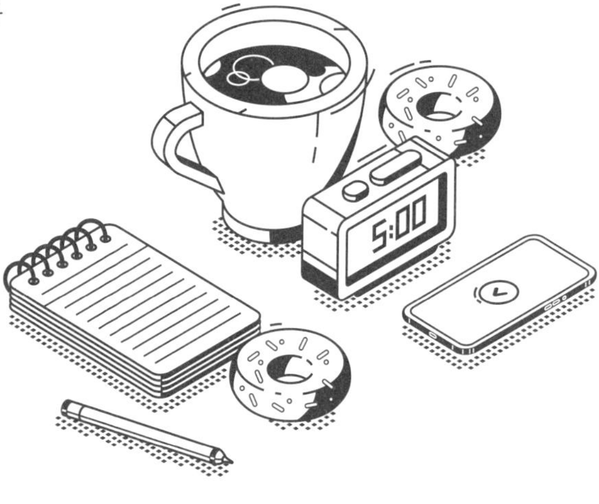

STEP 1

1~7일

STEP 2

8~20일

STEP 3

21~60일, 그리고 그 이후

아침 사용설명서를 시작하기 전에

대부분의 사람들은 내면을 성장시키기 위해 가이드가 필요합니다. 이 아침 사용설명서를 펼친 당신이라면 성장을 위한 열망이 있겠죠? 아마 인생을 변화시키는 습관의 힘에 대해서도 들어보았을 것입니다.

『나의 아침 사용설명서』는 아침을 정복하기 위한 최고의 조언과 전략을 한데 모았습니다. 수많은 책과 팟캐스트, 인간의 의지에 관한 연구를 집요하게 분석해서 소중한 정보들을 얻었고 성공한 리더들의 전략 또한 낱낱이 해부했습니다.

그렇게 완성한 이 아침 사용설명서에는 실천 가능한 팁과 동기 부여를 위한 새로운 주제가 가득합니다. 60일 동안 매일 동기를 부여하고 스스로를 향상시키기 위한 목표를 향해 함께 나아갈 것입니다.

왜 60일일까요? 다양한 연구에 따르면, 습관을 형성하기 위해 필요한 최소한의 시간이 60일 정도라고 합니다. 물론 각자 다른 삶을 살아가는 사람들에게 마법의 순간을 구체적으로 정하기란 어려운 일이죠. 그러나 수많은 사람들의 경험을 취합해 보았을 때 60일은 인생을 변화시킬 수 있는 습관을 만들기 위한 충분한 시간입니다.

지금부터 만들어갈 아침 습관은 당신의 인생을 변화시킬 것입니다. 우선은 아침을 지배하고, 그 효과를 바로 경험하고, 어느새 그 습관은 일상이 되어 있을 것입니다. 아침을 어떻게 시작하느냐에 따라 하루가 달라집니다. 완벽한 하루를 만들기 위한 아침 습관은 모두가 알고는 있지만 실천에 옮기기가 쉽지 않습니다. "나는 아침형 인간이 아니야" "어제 늦게 잤는데" "5분만 더 자면 안 될까"라는 핑계로 작심삼일이 되어버리죠.

그럴 때는 기억하세요. 핑계는 성공을 막는 적입니다. 또한 변화를 막는 적이죠. 핑계를 버려야 습관을 만들 수 있습니다. 가장 먼저 핑계를 버리는 것부터 시작하세요. 그것만으로도 놀라운 일을 해낸 것입니다. 거기에 더해 습관을 만들고, 일상을 변화시키고, 삶의 모습을 바꾸는 놀라운 일을 직접 경험해 볼까요?

WHY

1

왜 습관을 만드는가?

인간은 짐승과는 다릅니다. 단순히 먹고 생존하는 것이 목표가 아니라 더 멋진 존재가 되기를 바랍니다. 이상적인 삶을 꿈꾸지요. 더 나은 삶을 위해서는 우선 목적을 정확하게 설정해야 합니다. '왜' 고군분투하는지 잊어버리면 이전의 익숙하고도 게으르던 모습으로 후퇴해 버리고 맙니다. 그리고 그 일은 무척 자주 일어나죠. 작심삼일은 누구에게나 익숙한 단어입니다. 무엇을 바꾸고 싶은지, 왜 바꾸고 싶은지를 명확하게 설정해야만 습관을 바꾸는 과정에서 부딪치게 될 시련을 이길 수 있습니다.

다음 질문에 천천히 고민하고 답해보세요.

이 질문들은 당신을 움직이게 하는 힘을 발견하고 매일 아침 당신을 깨우는 힘의 근원을 확인하는 질문입니다. 멋진 목표를 설정하고, 아침 습관을 만들기 위한 결심을 도와줍니다. 당신이 꿈꾸는 삶에 대해 고민해 봅시다.

1. 앞으로 30일 동안 멋진 아침 습관을 실천한다면 나는 어떻게 달라질까요?

2. 아침 습관은 내 삶에 어떤 영향을 줄까요?
혹은 내 주변 사람들에게는 어떤 영향을 줄까요?

3. 아침 습관을 만들고 나면 내 인생은 어떤 모습이 될까요?
그 과정에서 놓치는 건 없을까요?

4. 지금까지 시간이 없다는 핑계로 미뤘던 인생의 목표가 있다면, 무엇인요?
이 목표를 아침 습관을 통해 이룰 수 있을까요?

5. 규칙적인 시간에 잠들거나 일어나기 힘든 가장 큰 이유는 무엇인가요?
이를 극복하기 위한 방법은 무엇인가요?

BOOKMARK

이 질문에 책갈피를 끼우거나 표시를 해두고 힘들 때마다 다시 읽어보세요.

위급 상황에서 당신을 구해줄 생명줄 같은 질문과 답입니다.

WHO

2

행동 변화를 위한 세 가지 단계

『아주 작은 습관의 힘』의 저자이자 미국 최고의 자기계발 전문가 제임스 클리어James Clear는 인간의 행동 변화를 세 가지 단계로 나누었습니다.

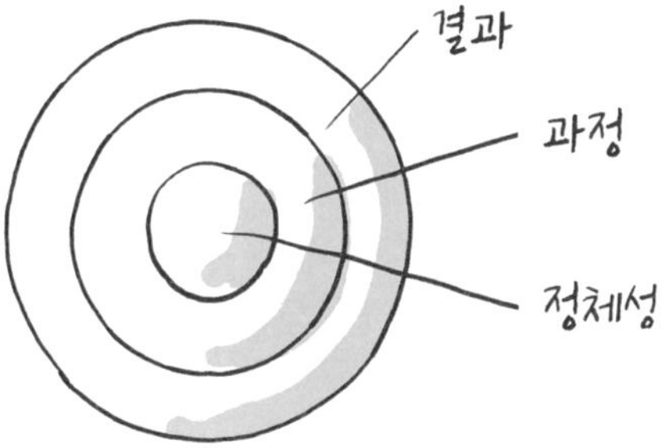

결과

"월요일부터 금요일까지 매일 아침 7시에 일어난다."

결과는 곧 목표입니다. 결과는 궁극적으로 도달하고자 하는 목표를 세울 때 가장 유용합니다. 하지만 결과에만 과도하게 집착하면 그 과정은 즐기지 못하고 하루하루의 충실함마저 잃어버립니다.

우리가 살아가면서 필요한 것과 목표가 끊임없이 바뀌듯 결과 또한 그에 맞춰 바뀌어야 합니다.

과정

과정은 우리의 습관이 결실을 만드는 행위입니다. 이를테면 "나는 잠들기 전에 핸드폰을 비행기 모드로 해놓고 만지지 않을거야", "나는 일어나는 시간에 맞춰 3단계로 알람을 설정하고 꼭 일어날거야", "무슨 짓을 해서든 절대로 졸지 않고 마무리할 거야" 등입니다. 과정은 습관을 만들기 위한 전략이자 작전입니다.

전략은 자신과 잘 맞는 방식을 찾았을 때 더욱 유용하며 몇 가지를 실험해 보며 자신에게 맞는 전략을 찾아야 합니다. 다양한 전략을 실험해 보다가 지겨워지거나 익숙해졌다 싶으면 방식을 바꿔도 좋습니다.

정체성

정체성은 중요한 책임자입니다. 가장 깊숙이 있는 내피이자 내적 신념의 정체를 확인하는 것입니다. 행동을 변화시키는 과정에서 사람들은 '결과'와 '과정'에 너무 신경 쓰느라 이 부분을 종종 잊어버립니다.

당신이 '어떤' 사람이 되고 싶은지에 대해 신경 쓴다면 그 어떤 동기나 전략보다도 자존감과 만족감, 통제력을 극대화할 수 있습니다. 정체성은 무의식중에 우리가 의지할 수 있는 것이며 자연스럽게 우리가 해야 할 일을 알려줄 것입니다.

정체성을 확립한다는 건 이런 것입니다. "나는 언제든 원하는 시간에 일어날 수 있고, 매일매일 아침마다 성공할 거야."

우선 되고자 하는 모습을 확고하게 그리면 변화의 기회는 따라오기 마련입니다. 이는 운이 좋다거나 갑자기 찾아오는 특별한 순간이 아닙니다. 시간이 지날수록 단단해지는 정체성과 그에 따라오는 결과입니다.

실패한 날의 정체성

실패한 날 역시 목표에 한 걸음 다가가기 위한 과정입니다. 열심히 습관을 만들다가 하루 실패하면 사람들은 정체성을 잃어버리고 부정적인 생각에 빠집니다.

"난 왜 이럴까?" "나는 엉망이야, 결국 실패하고 말거야." "나는 한심해."

이런 부정적인 감정이 생기는 이유는 바로 죄책감 때문입니다. 많은 연구에 따르면 죄책감은 의지력을 파괴합니다. 그렇기 때문에 실패한 날에도 죄책감을 가지기보다 우리의 정체성을 다시금 되새겨야 합니다. 비록 정해놓은 과정에서 벗어나더라도, 이를 실패한 날이 아니라, 재점검하는 날로 바꿔야 합니다.

우리는 긴 인생을 살고 있습니다. 매일 하루도 빠짐없이 아침 습관을 성공하는 일은 거의 불가능합니다. 우리는 로봇이 아니기 때문입니다. 심지어 로봇도 고장이 날 수 있죠. 실패하는 날을 기회라고 생각하세요. 결국 인생이란 자신에게 필요한 습관을 적절하게 활용하고, 그로 인해 만족감을 끌어올리는 과정이니까요.

실패한 날에는 다양한 것들을 다시 시도하고 관찰하며 시험해 보세요. 이를 위해 "나는 지금 방향을 잃은 게 아닐까" 하는 죄책감 대신 빠르게 습관을 다시 형성하는 힘을 길러야 합니다.

당신의 가장 좋은 친구는 자신입니다. 자신의 실수를 용서할 줄 아는 사람, 조건 없이 사랑하는 사람이 당신 자신이 되길 바랍니다. 내가 아니면 그 누가 할 수 있을까요? 스스로의 감정을 다스리게 되면 단순히 습관을 만드는 데 그치지 않고 우리의 진정한 목표를 이룰 수 있을 것입니다.

자신의 정체성 정립하기

아침 사용설명서를 통해 당신은 어떤 사람이 되고 싶나요?

만약 아침 습관을 실패한다면, 그때는 어떤 모습이길 바라나요? 원하는 모습이 되기 위해 스스로를 어떻게 바꿔야 할지 적어보세요.

WHAT

3

새로운 습관 형성

습관을 만드는 과정을 단계별로 나누었습니다. 과학적 근거를 바탕으로 한 습관 형성 단계를 소개합니다.

1~7일 지옥의 주

정말 힘든 한 주입니다. 지금까지 만든 습관을 버리고 다시 만들어야 하기 때문이죠. 지옥의 주라고 생각하는 게 좋습니다. 아침에 눈을 뜨면 지칠 대로 지친 상태이며, 쉽게 잠이 들지도 않습니다. 특히 첫째 날과 둘째 날 밤에는 더 심하지요.

하지만 점차 나아질 거예요. 약속합니다. 일어나야 할 시간에 침대 밖으로 뛰쳐나오는 일에 점점 익숙해질 테니까요. 아무리 정신이 말짱해도 정해진 시간에 불을 끄고 모든 알람을 꺼버리는 일에도 익숙해질 것입니다. 힘들겠지만, 뇌는 점차 적응할 것입니다. 몸과 마찬가지로요.

당신의 뇌와 몸이 적응하기 위해서는 뇌에서 보내는 신호를 무시하고 규칙에 적응해야 합니다. 매일의 도전을 통해 우리가 집중할 수 있도록 구체적인 행동 양식을 만들고 우리의 삶이 가야 할 방향을 제시할 것입니다.

8~20일 일관성 유지하기

지옥의 주를 잘 넘겼다면 다음은 한층 수월해집니다. 일주일 동안 몇 가지 챌린지를 시도했을 것이며 우리의 뇌는 변화를 인지하고 아침 시간을 활용하는 게 무척 유용하다는 것도 이해하기 시작했을 테고요. 신체도 새로운 생활양식에 적응하고 있을 겁니다. 이제 아침을 어떻게 시작하느냐에 따라 하루가 얼마나 달라지는지 확인하고 있겠죠?

이 기간에는 엄청난 변화를 체험할 수 있습니다. 하지만 습관을 만드는 건 여전히 시간이 걸리는 일이고 비록 지옥의 구간은 지났지만 여전히 힘들 겁니다. 처음의 의욕을 잃지 않고 끝까지 이어가기 위해서 성공한 사람들의 이야기를 읽고 매일의 도전을 이어가며, 다음 단계의 전략을 익혀야 합니다.

21~60일 일관성 유지하기

두 번째 단계를 거친 뒤에는 성공을 확신하게 될 것입니다. 놀라운 경험이죠. 만약 습관을 더 만들고 싶다면 한 달 정도만 더 하면 됩니다. 습관을 형성하는 일은 어떤 측면에서는 기계적으로 실행한다는 것을 뜻합니다. 당신의 몸과 뇌는 아침 습관에 익숙해지고, 아침 습관의 장점들을 깨달을 테지만 궁극적으로는 아예 인지하는 자체가 사라지는 경지로 가야 합니다.

60일 이후 습관 정복하기

이 시점에는 아침을 정복하는 일에 대한 근육이 생겼을 테고, 이를 인생에 활용할 수 있을 것입니다. 설령 매일 아침 일찍 일어나 습관을 실행하지 못한다고 할지라도 한 번 습득한 뒤에는 언제든 다시 활용할 수 있습니다.

여기서부터는, 지금까지 익힌 아침 습관을 약간 수정하거나 실험하는 것이 전부입니다. 여러 습관을 시도해 보고 순서도 바꿔보세요. 아침에 일어나는 시간이나 잠드는 시간을 바꿔도 좋습니다. 이제 우리는 전문가처럼, 인생의 방향을 조절할 수 있습니다.

다양한 실험은 흥미로울 뿐 아니라 큰 도움이 될 것입니다. 새로운 습관을 자유롭게 추가해 보세요. 습관을 만들기 위해 아침은 더없이 좋은 시간입니다.

매일의 주제

매일의 주제를 통해 다음과 같은 결과를 얻을 수 있습니다.

1. 새로운 습관을 성공시킬 수 있는 동기를 얻을 것입니다.

2. 필요한 정보와 지식을 얻고 쉽고 간단하게 아침을 정복할 수 있습니다.

3. 새로운 습관을 즐겁게 시도할 수 있습니다.

앞으로 소개할 매일의 주제는 수천 가지 중에 엄선한 것이며 습관을 만드는 단계에 따라 체계적으로 구성했습니다.

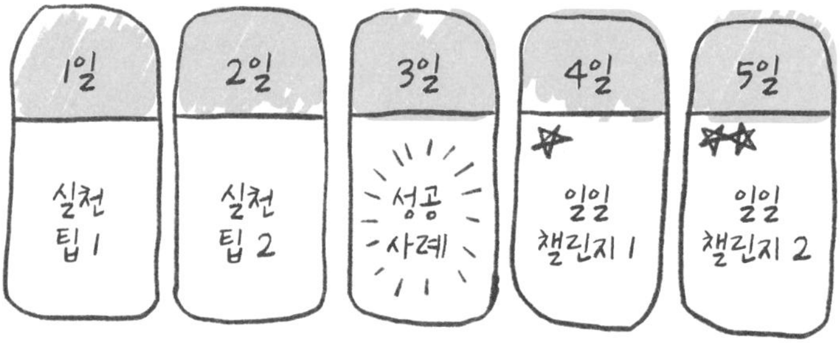

실천 팁

실천 팁은 매일의 습관을 가능한 한 쉽고 편하게 도와주는 작은 정보입니다. 다양한 실천 팁을 통해 습관을 성공하기 위해서는 수많은 선택지가 있다는 걸 인지하는 것이 중요합니다.

일일 챌린지

일일 챌린지는 아침 습관을 성공하기 위해 아주 중요한 주제입니다. 각각의 챌린지는 우리를 옳은 방향으로 안내합니다. 우리가 하고 싶은 기분이 아닐 때도 말이지요. 작고 구체적인 일일 챌린지를 하나씩 이루어가며 의지라는 내면의 근육을 강화시키세요. 내면의 근육은 단지 아침 습관을 만드는 데만 필요한 것이 아니라 인생 전반에 적용됩니다. 부정적인 습관을 바꾸거나 건강한 삶을 위한 다른 습관을 만드는 방법으로 말이에요.

영상 클립&팟캐스트

열정에 가득한 사람들의 눈을 보고 그들의 목소리를 통해 통찰을 얻고, 그들이 겪은 고군분투를 느끼는 것만큼 동기 부여에 도움이 되는 일은 없습니다. 우리와 비슷했던 사람들이 아침을 어떻게 지배했는지를 들으면 분명 자신의 미래를 그릴 수 있을 것입니다. 그들의 이야기를 보고, 듣고, 정보를 얻으면 습관이 형성될 때까지의 어려움이 나에게만 오는 특별한 것이 아니라는 걸 알고 꾸준히 지속해 나갈 수 있을 것입니다.

* 이 책에서 소개하는 영상 클립과 팟캐스트는 영어로 진행된다는 점 양해 부탁드립니다. 관련한 국내 정보는 닐다 인스타그램(@nildapub)을 통해 지속적으로 공유하겠습니다.

성공 사례

우리가 습관을 바꾸고자 하는 이유는 습관을 바꾸면 우리의 삶이 더 멋지게 바뀔 것이며, 더 멋진 존재가 될 것이라는 구체적인 이미지가 있기 때문입니다. 우리가 그리는 삶을 살아가는 사람들의 이야기는 동기 부여가 될 뿐만 아니라 목표의 기준을 제시합니다. 외형적으로 보이는 모습이든, 재정적인 상황이든, 혹은 감정적, 정신적인 측면이든 성공한 사람들은 종종 비슷한 패턴이 있습니다. 그중 하나가 아침 습관을 통한 사고방식과 행동양식입니다. 성공 사례의 소소한 정보는 자신감이 떨어졌을 때도 도움이 됩니다. 무엇을 목표로 하는지 잊어버렸을 때도 말이죠.

성공한 인물들의 아침 습관을 분석함으로써 우리의 아침 습관에 대한 아이디어를 얻을 수 있습니다. 물론 다른 사람은 성공했지만 나에게는 적용되지 않을 수도 있습니다. 하지만 동기 부여만으로도 큰 힘이 됩니다. 더 나아지기 위해 필요한 게 무엇인지를 끊임없이 상기시켜줄 것입니다.

긍정 확언

긍정적인 확언을 시각화하는 방법은 운동선수, 배우, CEO 등 다양한 분야에서 성공을 거둔 사람들이 꾸준히 활용했으며 그 효과가 증명된 방법입니다. 확언은 긍정 에너지를 끊임없이 전달하고 현재의 자신과 미래의 목표를 단단히 연결시켜줍니다.

긍정 확언의 힘

1. 목표로 향하기 위한 방법을 고민하는 창의력 근육을 무의식적으로 자극합니다.
2. 목표에 다가갈 수 있도록 뇌를 활성화시키고, 지금 있는 곳에서 결승까지 달려가기 위한 정신적 준비 상태로 만들어줍니다.
3. 성공한 모습을 상상해 보는 단순한 행위를 통해 목표를 이루고 싶다는 마음을 키워줍니다.
4. 목표를 이룰 수 있는 능력과 가능성이 자신의 내면에 있다고 믿게끔 뇌를 동기화시킵니다.

확언은 무엇일까요?

확언이란 스스로에게 이미 원하는 그 사람인 것처럼 반복해서 말하는 행동입니다. 자신이 인생 목표를 성취할 수 있으며 이상적으로 바라는 사람이 될 수 있다고 상상하는 것이죠. 스스로가 원하는 이상적인 상황을 반복해서 입 밖으로 발화합니다. 다만, 실제 일어난 현실인 것처럼 현재시제로 말해야 합니다.

확언을 반복하는 동안 이상적인 목표를 시각화하고, 자신의 목표를 그리며, 이 모든 게 가능하다고 믿게끔 뇌를 훈련시킵니다.

개구리 먹기

가장 중요한 일은 먼저 하자!

미국 문학의 거장 마크 트웨인Mark Twain은 매일 아침 일어나면 가장 먼저 살아 있는 개구리를 먹는다고 말했습니다. 그러면 하루 중 가장 어려운 일을 해냈다는 확신이 생긴다는 것이죠. 아침의 성취는 하루 중 어떤 일이 있어도 해낼 수 있을 거라는 확신을 줍니다.

우리가 말하는 '개구리'가 그날의 가장 중요하고, 어려운 일이라고 했을 때 그 일을 빨리 해치우지 않으면 대체로 질질 끌게 됩니다. 매일 그날의 '개구리'를 정하고 되도록 오전에 그 일을 해결해 버리는 것이 좋습니다. 가장 추천하는 때는 아침 습관을 끝낸 직후나 업무를 시작하자마자입니다. 다른 걸 하기 전에 머뭇거리지 말고 바로 시작하고, 단숨에 끝내버리도록 해보세요.

그날의 '개구리'를 빨리 해치울수록 하루의 만족도가 높아진다는 걸 깨닫는다면 아침을 더 사랑하게 될 것입니다. 삶의 질은 더 향상될 테고요.

'개구리 먹기'를 시험이라고 생각해 볼까요? 스스로에게 부여한 과제라고 생각해도 좋습니다. 쉽고 간단한 일로 하루를 대충 시작하고 싶은 마음과 싸워서 과제를 해결해 봅시다. 세계적으로 유명한 리더들을 보면 인생의 큰 도전에 주저 없이 뛰어든 사람이 많습니다. 그들은 그 일을 끝낼 때까지 열정적으로 집중하며 자신을 단련시켰습니다.

우리의 뇌는 어떤 일을 완수하면 행복감을 느끼도록 정신적으로, 또 감정적으로 연결되어 있습니다. 어떤 일이든 해내고 나면 뇌는 화학적인 보상을 줍니다. 행복해지고 이루었다는 기분을 느끼는 거죠. 그 일이 클수록, 그리고 어렵거나 중요할수록 뇌에 더 큰 영향을 미칩니다.

마치 세계를 지배할 준비가 된 듯 자신감이 생기죠. 어려운 일을 시작하고 해내는 건 우리의 뇌를 더 긍정적으로 만들고 건강한 중독(습관)으로 이끕니다. 우리의 뇌에서는 지속적으로 엔도르핀이 발생합니다. 매일매일 정신적으로 명료해지고, 자신감이 넘치며, 충족감을 느낄 것입니다.

균형 유지하기

이 책을 따라가다 보면 두 가지 유형의 질문을 마주하게 됩니다.

향상심

감사함

향상심과 감사함에 해당하는 특별한 질문을 할 것이며 습관을 만들기 위해 번갈아가며 질문할 것입니다. 우리의 목표는 두 가지 사이에서 적절한 균형을 잡는 것입니다.

1. 한 명의 인간으로써 자신을 무조건적으로 인정하기
2. 가장 나은 상태로 살기 위해 잠재력 끌어내기

우리의 여정을 슬기롭게 이어가기 위해서는 이 둘 사이에서 균형을 잡아야 합니다. 습관을 만들기 위해서는 지금의 자신에 대해 충분히 만족하고 자신 그대로를 인정해야 합니다. 원하는 모습으로 개선하고자 하는 마음과 자신을 존중하고 현재에 감사하는 마음 사이를 미약하게 오가며 움직여야 합니다.

균형을 잡는 일은 무척 어려운 일이지만 스스로를 너무 가혹하게 평가하지만 않는다면 충분한 보상이 따르는 일입니다.

HOW

4

완벽주의자들이여, 시작은 가볍게

'완벽한' 아침을 만들어야 한다는 강박에서 벗어나기

우리는 아침 일찍 일어나고 좋은 습관으로 하루를 시작하고 남은 하루가 차질 없이 흘러가기를 바랍니다. 원하는 시간에 상큼하게 일어나서 아침을 먹고, 운동하고, 읽고, 쓰고, 명상을 한 뒤에 하루의 일과를 제대로 맞이하고 싶습니다. 그러나 때로는 시작부터 문제가 생길 수도 있습니다. 아침 습관을 이루기도 전에 완벽을 추구한다면 첫발을 내딛는 것부터 어려워집니다.

종종 모든 일에서 최고의 방법에만 집착하는 사람들이 있습니다. 체중 감량을 위한 가장 좋은 방법, 하루 내내 기분 좋은 수면 방법 등. 여기서 비밀을 하나 알려드리겠습니다. 앞으로 우리가 만들 아침 습관과 그 바탕이 된 연구와 팁, 전략을 관통하는 단순한 개념이 하나 있습니다.

바로 아침형 인간이 되고 멋지게 아침 습관을 형성하는 최선의 방법은 무엇이든 시작하는 것입니다. 목표를 향한 어떤 행동이든 우선 실천하는 것이죠. 의식적으로라도 완벽해지려고 하지 않는 게 좋습니다. 아침을 완벽하게 정복하려고 하다 보면 어제보다 오늘이 조금 더 나아졌다는 확신을 가지기 어렵습니다. 이상적인 것만 추구하느라 에너지를 낭비하지 마십시오.

이상적인 아침 습관을 만드는 최선의 방법은 한 번에 한 가지만 시도하는 것입니다. 한 가지를 시도하고, 그 이후는 당신에게 달려 있습니다. 습관을 바꾸는 일은 그 누구도 아닌 자신에게 맞는 것과 그렇지 않은 것을 탐색하는 과정입니다.

그래서 우리는 매일의 주제를 잡고 이를 통해 필요한 모든 정보와 동기부여를 제공할 것입니다. 하지만 모든 정보와 방법이 당신에게 최적화되지는 않았습니다. 모든 팁이 당신에게 효과적이진 않습니다. 모든 확언이 다 가치 있지는 않죠. 사람은 각각 다르니까요. 하지만 모든 것을 하나씩 시도해 본다면 분명 소득은 있을 것입니다. 약속할 수 있습니다. 다만 무언가를 시도하기 전의 기대나 예상은 무시하세요, 생각보다는 행동이 우선입니다. 작은 행동 하나가 눈덩이 효과를 일으켜 삶의 다른 영역에도 엄청난 영향을 미치게 될 것입니다.

아침 습관을 위해 작심삼일만 이겨내세요. 딱 3일의 성공으로 긍정적인 효과의 연쇄작용을 느낄 수 있습니다. 이는 매일의 활력, 정신적 활기, 중요한 일을 해결할 수 있는 능력으로 이어지며 이는 아침 습관을 만들기 위한 궁극적인 목표입니다.

결과적으로, 아침의 중요함을 알지 못한다면 연쇄적인 작용들이 무너질 수 있습니다. 건강한 아침 습관을 만드는 것은 가장 나은 자신이 될 수 있는 강력하고도 효과적인 수단입니다.

우리는 책에 적힌 글귀를 읽는 것으로 그치는 것이 아니라 경험하고 체득해 자신의 것으로 만들고 그 긍정 효과를 바탕으로 다음 단계로 나아갈 수 있습니다. 머릿속에서 끊임없이 떠오르는 핑계를 극복하고 오늘 밤은 일찍 잠들고 내일 아침 15분간 앞으로 소개할 아침 습관을 도전해 보세요.

작지만 지속적인 행동을 천천히 쌓아가면 결국 성공할 것입니다.

언제 일어나는 게 좋을까?

언제든 멋진 아침을 맞이할 수 있습니다.

사람들은 흔히 '아침 일찍 일어나는 것'과 '아침 습관을 실천하는 것'을 혼동합니다. '아침 일찍 일어나는 것'보다 '아침 습관을 실천하는 것'이 훨씬 중요합니다. 독서, 운동, 명상 같은 매일의 습관을 단 5분씩이라도 실천하는 것이 중요합니다. 계획한 아침 습관을 실천하지 못한 날일지라도 아침 사용설명서는 꼭 써야 합니다. 그것만으로도 그날의 의식 하나는 수행한 것입니다.

무언가 하나를 이뤄내는 행위 자체가 우리의 삶과 아침의 질을 높여주고, 그날의 일정에도 긍정적인 분위기를 유지할 수 있게 만들어줍니다. 그렇기에 아침 5시에 일어나느냐, 11시에 일어나느냐보다 아침 과제를 완수하는지의 여부가 중요합니다.

물론 이른 시간에 일어나면 더 평화롭고, 고요하며 활력이 넘칠 수 있지만 그것 자체가 습관을 만들기 위한 목적은 아닙니다. 일찍 일어나는 건 하루를 알뜰하게 쓸 수 있는 아주 유용한 방법이죠. 늦게 일어났어도, 우리가 계획한 습관을 실천할 수 있습니다. 가장 중요한 건 매일에 일관성을 부여하는 것입니다.

어떤 날은 너무 지치고 우울하고 '목표로 하던 자신'이 되고 싶은 마음이 생기지 않을 수도 있습니다. 그런 날들이야말로 억지로라도 매일의 습관을 실천해야 하는 가장 중요한 날입니다. 당신의 뇌에게 상태가 좋든 나쁘든, 그저 평범하든 간에 상관하지 말라고 이해시키는 거죠. 그렇게 우리는 변함없는 인생의 습관을 가지게 될 것입니다.

이렇게 생각해 보세요:

· 이것이 내가 원하는 것을 얻을 수 있는 유일한 방법이다.

· 세계적 리더들도 이 방법을 실천했고, 그들도 우리처럼 매일 유혹에 시달렸다.

· 노력해서 손해볼 건 하나도 없다.

습관을 만들기 위한 노력은 쓸모없지 않습니다. 하지 않을 이유가 전혀 없지요. 그러니 우선 첫 단계를 밟아봅시다.

일상의 챌린지

혼자가 아닌 사람을 위한 아침 습관 만들기

결혼을 했거나 아이를 키우는 사람이라면 혼자서 아침 일찍 일어나 자신에게만 집중하며 아침 습관을 실천하기 어려울 수 있습니다. 그럴 때를 위한 가장 좋은 방법은 상대방과 함께하는 것입니다. 만일 당신의 파트너가 아침 습관을 바꾸는 일에 관심이 없다면 아침 습관을 적용하기 위한 몇 가지 행동 단계를 통해 방해물을 최소화해야 합니다.

· 이 책의 'Why' 섹션을 채우고, 이를 파트너와 공유합니다.
· 당신에게 이 변화가 얼마나 중요한지를 설명하고, 함께하고 싶지 않다면 당신은 혼자라도 일찍 일어나 아침 습관을 실천하는 일에 전념할 것이라고 말합니다.
· 아침 습관 과정 동안 당신이 의욕을 유지하도록 도와주고 의기소침할 때는 목표의 중요성을 일깨워준다면 무척 고마울 것이라고 말합니다.

근본적으로, 긍정적인 에너지를 공유해 준다면 고마울 것이라는 걸 알려야 합니다. 그들이 당신을 위해 할 수 있는 것을 공유하고, 혹은 당신이 일찍 일어나 습관을 실천하는 동안 방해가 될 수 있는 것을 구체적으로 알려주면 아침 습관을 성공할 수 있고 각자의 삶을 잘 꾸려갈 수 있을 것입니다.

밤에 일하는 이를 위한 아침 습관 만들기

우선 밤에 일하면서도 아침 습관에 도전하는 당신의 의지에 경의를 표합니다. 그리고 아침 일찍 일어나는 것이 아침 습관과 연관된 개념임을 강조하고 싶습니다. 아침 습관이 정착되면 '어쩔 수 없이 하는'이 아니라 고민 없이 자연스럽게 하루를 시작할 수 있습니다.

원래 아침 7시에 일어났다면 '일찍'은 하루를 7시 정각보다 일찍, 아침 습관을 실천하기 충분한 시간에 시작해서 완벽하게 마무리하는 시간까지를 말합니다. 그게 저녁 4시, 혹은 5시일지라도 원리는 똑같습니다. 목표는 어쩔 수 없이 일찍 일어나는 것이 아니라 목표로 한 시간에 의식적으로 일어나고 계획한 일을 하면서 몰입을 유지하는 것입니다.

아이가 있는 이들을 위한 아침 습관 만들기

아이를 키우면서도 아침 습관에 성공한 멋진 사례는 아주 많습니다. 어쩌면 부모로 살아가는 건 아침 습관을 만들어야 할 가장 완벽한 이유일지 모릅니다. 많은 장점이 있기 때문이죠. 무엇보다 긍정적인 점은 혼자 보낼 수 있는 시간을 확보한다는 것 그 자체입니다. 이 장점은 눈덩이처럼 불어나 하루를 통제할 수 있다는 멋진 기분을 전해줍니다.

아이를 키우면서 아침 일찍 일어나 아침 습관을 만든다면 염두에 두어야 할 것이 몇 가지 있습니다. 아이가 몇 살이고 아침 습관이 어떤 행동이냐에 따라, 아이를 아침 습관의 일부분으로 포함시킬 수 있습니다.

창의력을 발휘해 보세요! 만약 아이들이 청소년이라면 같이 뭔가를 함으로써 하루를 의식적으로 시작하고 정신없는 하루가 오기 전 차분한 시간의 의미를 자연스럽게 이해시킬 수 있습니다. 게다가 아이와 함께 보내는 시간은 더할 수 없이 소중하죠.

많은 독자들이 아침에 혼자서 보내는 시간의 소중함을 이야기하곤 합니다. 하지만 아침 습관을 아이들과 함께하며 습관을 만들어가는 것 또한 아이에게도 부모에게도 무척 긍정적인 영향을 줍니다. 함께 스트레칭이나 명상, 독서 같은 것들을 시도해 보세요. 상상력을 발휘한다면, 분명 방법이 있습니다.

아침 습관과 사회생활 사이에서 균형 잡기

수면과 기상 패턴을 규칙적으로 만들어 신체가 하루의 일과를 파악하고 적응하게 하는 것도 중요하지만, 친구나 가족과 함께 시간을 가지는 것 역시 삶을 위해 중요합니다. 두 가지가 상충된다면 생각을 살짝 바꾸면서 해결 방법을 미리 준비해야 합니다.

만약 저녁 약속이 생겼다면 취침 시간을 고려해서 아침 기상 시간도 바꿔야 합니다. 그래야 다음 날 아침 습관을 지속할 수 있고 몸을 적응시킬 수 있습니다. 다음 날 아침 일어나는 시간에 맞춰 다른 일정을 뒤로 미루는 게 기본 원칙이며, 필요하다면 가능한 시간에 아침 습관을 소화할 수 있도록 변경해야 합니다.

이 모든 것을 습관으로 정착시키기 위해서는, 상황의 변화와 상관없이 아침을 의식적으로 보내야 합니다. 하지만 동시에 모든 상황에 유연성을 가져야 합니다. 단, 그것이 하루 이틀을 넘어 일주일 혹은 그 이상이 되면 위험합니다. 어느 시점을 기준으로 다시 아침 습관을 정비해야 하는데, 이는 아주 힘든 일입니다. 계속 의식을 유지하되, 패턴을 유지하는 게 어렵다면 하루는 아침 습관을 쉽니다. 하지만 다음 날부터는 원래 상태로 되돌려야 합니다.

스스로에게 책임감 부여하기

아침 사용설명서 사용법

매일 아침 일어나자마자 손이 닿을 수 있는 자리에 아침 살용설명서를 두십시오. 매일 써야 한다는 걸 스스로 상기시키고, 다음 날의 계획을 짜는 데도 도움이 될 겁니다. 책상 위에, 테이블 위에 무심하게 놓아두는 대신 손 닿기 편한 곳에 둬야 합니다.

아침 사용설명서는 그 자체로 책임감을 부여합니다. 밤에는 계획을 짜고 아침 습관에 대해 적습니다. 아침에는 남은 일과와 밤의 계획을 짭니다. 이 과정은 서로 연결 고리를 만들어내며 의무감을 상기시킵니다.

습관 유지하기

습관을 유지하는 가장 좋은 방법 중 하나는 의지가 있는 친구와 함께하는 것입니다. 힘든 점을 이야기하고, 영감을 나누는 누군가가 있다면 도전의 결과는 엄청난 차이를 가져올 것입니다. 친구의 지지, 또는 경쟁을 부추기는 자극은 훌륭한 도움이 됩니다.

제시간에 자기

아침을 정복하는 데 실패하는 큰 원인 중 하나는 전날 제시간에 잠들지 못했기 때문입니다. 이건 정말 힘든 일이 맞습니다. 어떻게 해야 할까요? 제시간에 자기 위해서는 반드시 소등 시간을 정해야 합니다. 특히 습관 만들기를 막 시작하는 단계라면 이 방법은 더욱 유용합니다. 먼저 기상 시간을 설정합니다. 예를 들어 새벽 5시라고 합시다. 그다음은 거기서 당신이 원하는 수면 시간을 뺍니다. 7시간이라고 가정합시다. 그러면 소등 시간은 밤 10시가 됩니다. 아주 단순하고도 완벽한 계산이죠.

커뮤니티 활용하기

습관을 유지하기 위한 가장 좋은 방법 중 하나는 앞서 말했듯 의지가 충만한 친구와 함께하는 것입니다. 힘든 점을 이야기하고, 영감을 줄 수 있는 누군가가 있다면 도전의 결과는 엄청난 차이를 가져올 것입니다. 친구의 지지, 또는 자극은 훌륭한 도움이 됩니다. 그 친구가 아침 사용설명서를 사용하든 그렇지 않든, 친구와 함께 지속적으로 습관을 만들 수 있습니다.

또는 비슷한 목표를 가진 커뮤니티에 가입하는 것도 좋은 방법입니다. 온라인상에서 서로의 습관을 지지하고, 매일의 습관을 공유하며 그룹을 만들어보세요.

힘든 날이 생길 때

＊ 주의: 반드시 아침 습관을 연속 60일 안에 실천해야만 효과적인 건 아닙니다.

모든 사람들은 아침 습관을 만들면서 힘든 날이 옵니다. 몸이 좋지 않을 때도 있고, 바쁜 일로 인해 영향을 받을 수도 있고, 때로는 다른 일로 방해가 생기기도 하죠. 이런 날을 위한 대비책을 미리 준비해야 실질적인 도움이 될 것입니다. 아마도 가장 그럴 일이 없으리라 예상하는 날이 가장 힘든 날이 될 확률이 큽니다. 이런 실패의 날을 활용하는 두 가지 방법이 있습니다.

첫 번째는 상황보다 스스로에게 관심을 집중하는 것입니다. 그때그때 떠오르는 생각을 수동적으로 받아들이기보다 실질적으로 어떻게 느끼는지를 살펴보세요. 예를 들면, 뜻밖의 일이 닥치고 나쁜 상황에 던져졌을 경우 감정적으로 받아들이기보다 좀 더 냉정하게 자신의 감정을 살펴보세요. 두 번째로 만약 당신이 아침 습관을 성공했다면 그 상황에서는 실패를 앞두고 어떻게 했을지 적어봅니다. 그리고 어떻게 대처할지도 적어봅니다.

- 불필요하다고 생각되는 죄책감은 모두 제거합니다. 대신 왜 이런 상황이 일어났는지에 집중합니다.
- 우리는 도전을 사랑하는 사람이고, 이를 헤쳐 나갈 수 있는 사람이란 걸 긍정적으로 받아들입니다. 당신이 겪는 모든 일이 당신을 더 강한 사람으로 만들어 줄 것도요.
- 다시 이런 실수를 반복하지 않기 위해 정신적으로 무장하고 나아갑니다.
- 이는 아주 일반적인 자기 강화 과정입니다. 에너지와 정신적 회복력을 다시 모으고 아무렇지 않게 하루를 보내도록 합니다.

자, 이제 처음으로 진정한 고난을 겪었습니다. 스스로에게 어떤 말을 해주고 싶은지, 어떤 행동을 취해야 할지 적어보세요.

처음으로 고난을 마주하면 꼭 위의 글처럼 행동할 필요도 없고 할 수도 없습니다. 하지만 그 상황이 닥치면 지금의 글이 참고가 되며 꽤 유용하다는 걸 알 수 있을 것입니다.

추천 아침 습관

자, 집중합시다!

어떤 아침 습관이 가장 좋은가에 대한 정답은 없습니다. 중요한 건 그 행동으로 우리가 원하는 게 무엇인지를 이해하는 것입니다. 아침 습관은 바로 그 결과를 보여줍니다. 그날의, 혹은 당신이 해야 할 가장 중요한 일의 리스트에서 1, 2번을 뚝딱 해낼 수 있는 에너지와 계기를 만들어주죠.

아침 습관을 통해 원하는 게 무엇인지 적어봅시다. 그것을 위해 하루를 어떻게 준비해야 할까요?

아침을 정복하기 위해 할 수 있는 것

아침 습관을 위한 활동이 원하는 것을 창출해 내는 데 도움이 되는지를 살펴봅시다. 하나씩 실험해 보는 것도 괜찮습니다. 아침의 활동 중 여러 가지를 시도해 보면서 하나씩 실행하고 하나씩 바꿔보세요. 아래 목록은 가장 인기 있는 리스트입니다.

· 운동
· 명상
· 독서
· 글 혹은 일기 쓰기
· 사이드 프로젝트
· 지금이 아니더라도 언젠가는 해야 할 일을 끝내기
· 사랑하는 사람들과 시간 보내기
· 제대로 된 아침 식사
· 집안일
· 산책하며 음악이나 팟캐스트 듣기

'아침형 인간'이 하루를 시작하는 방식은 실로 다양합니다. 위의 리스트 중 당신이 좋아하는 것을 골라도 좋고, 다른 것도 좋습니다. 목표하는 바와 욕망하는 바에 부합하고, 삶을 긍정적으로 이끌 수 있는 것이라면 무엇이든 아침 습관에 넣을 수 있습니다.

대부분의 아침형 인간 또는 아침 습관을 만든 사람들은 다음과 같은 개념에 입각해 습관을 만듭니다.

간단한 아침 습관 기본 개념만 기억하세요!

내일의 당신은 오늘의 당신과 같은 사람입니다.
남은 인생은 오늘의 당신이 투영된 미래입니다.
오늘, 당신이 변화하기로 결심했다면, 내일은 달라질 것입니다.
오늘, 바꾸지 않는다면 남은 인생 또한 예견된 결과가 될 것입니다.

샘플 페이지

2021. 1. 1

DATE

0일 밤

저녁 습관
시작하기

오늘 나는 23시 에 잠들고 내일 6시 30분 에 일어날 것이다.

오늘의 인상적인 순간

아침 달리기 중 해가 뜨는 걸 본 일 :)

마침내 집 청소를 해낸 것!

내일의 아침 습관

달성했나요?

1. 5분 동안 명상하기 ✔
2. 『인류통증연대기』 2페이지 읽기 ✔
3. 확언 행하기 ☐
4. 10분 동안 동네 산책하기 ☐
5. 나머지 일과 계획 및 실행하기 ☐

1일 낮

아침 습관
시작하기

전날 나는 23시 30분 에 잠들고 오늘 6시 30분 에 일어났다.

오늘의 가장 중요한 일

새로운 마케팅 프로젝트 시작하기

습관을 개선할 수 있는 작은 실천은 무엇이 있을까요?

아침에 SNS 하는 시간 줄이기

오늘 밤 (잠들기 전) 두 가지 주의할 점

1. 누워서 유튜브 시청 (15분으로 제한하기)
2. TV 보기 (15분으로 제한하기)

STEP 1

1~7일

STEP 1	STEP 2	STEP 3
1~7일 **지옥의 주**	8~20일 습관 유지하기	21~60일 그 이후 뇌 환기시키기

5

STEP 1
지옥의 주

새로운 아침 습관을 만들 때는 원하는 것을 얻기 위해 무엇부터 시작할지를 파악해야 합니다. 시작하는 것 자체도 쉽지는 않습니다. 이 단계에서 실패한다면 바로 좌절하고 포기할 확률이 높으므로 매일 한 가지씩 단계를 밟아 나가야 합니다.

매일 목표한 바를 이루기 위해 모든 팁과 확언, 동기를 가능한 한 쉽고 단순하게 만드는 게 좋습니다. 이 모든 것이 도움이 되고 거기서부터 동기가 부여되고 그 행동이 결과로 이어지겠죠.

자, 그럼 지옥의 주를 시작해 볼까요.

* 잠깐! 지옥의 주를 시작하기 전에 앞부분을 다 읽었나요? 아니라면 지금 당장 훑어보길 바랍니다! 읽는 데 시간이 많이 필요하지 않으며, 앞으로의 아침 습관을 만들기 위해 꼭 필요한 내용입니다.

1일: 실천 팁

아침 습관은 전날 밤부터 시작됩니다.

매일 아침을 시작하기에 앞서, 전날의 계획은 매우 중요합니다. 만약 전날 밤을 망쳤다면 다음 날 아침은 고통스러울 수밖에 없습니다. 아침에 결정해야 하는 잡다한 일은 전날 밤에도 가능합니다. 하루를 시작하기도 전에 자잘한 일을 결정하느라 피곤할 필요가 있을까요? 전날 밤에 다음 날 아침을 준비하세요. 아침에 해야 할 소소한 결정을 미리 제거할 수 있다면 일어났을 때 훨씬 명료하고 홀가분할 것입니다. 아래의 단계를 실험해 보세요.

매일 밤, 잠들기 전에 실천해 보세요.

1. 다음 날 뭘 입을지 결정하기.
2. 아침에 뭘 먹을지 결정하기.
3. 미리 가방 챙기기.

> "아침에 한 시간을 허비한다면 남은 시간 내내 그걸 만회하려고 전전긍긍해야 합니다."
> - 미국의 경제학자 리처드 와틀리Richard Whately

(오늘 날짜를 기입합니다)

DATE ____________

(예상 시간을 기입합니다)

0일 밤
저녁 습관
시작하기

오늘 나는 ________에 잠들고 내일 ________에 일어날 것이다.

내가 멋진 사람임을 증명하는 한 가지는?

____

____

내일의 아침 습관

달성했나요?

1. ____________________ ☐
2. ____________________ ☐
3. ____________________ ☐
4. ____________________ ☐
5. ____________________ ☐

(구체적인 시간을 함께 쓰세요)

(오른쪽 빈칸은 다음 날 아침에 체크하세요)

1일 낮
아침 습관
시작하기

전날 나는 ________에 잠들고 오늘 ________에 일어났다.

오늘의 가장 중요한 일

____

내가 잠재력을 발휘하는 데 방해가 되는 한 가지는?

____

____

오늘 밤 (잠들기 전) 두 가지 주의할 점

1. ____________________
2. ____________________

2일: 오늘의 챌린지

목표: 휴일에는 뇌를 환기시키는 시간을 가집니다.

눈을 떴을 때 피곤하고 스트레스를 받는 날일수록 계획한 대로 일어나서 하루를 시작해야 합니다. 뇌에게 인지시키는 것이죠.

"무조건 실행하는 거야. 그 무엇도 나를 막을 수 없어."

주의 아침 습관이 '가장 완벽한 상태'여야 할 수 있는 건 절대 아닙니다.

오늘은 쉴까, 싶은 날이 분명 있습니다. 중요한 건 어쨌거나 해내는 것이죠. 핑계 대지 않고 엉망진창이라도 그저 습관을 시작하세요. 목표는 당신의 몸이 쉬는 날에도 그 습관에 익숙해지는 것입니다. 성공하기 위해 가장 중요한 핵심입니다.

아마 마음이 긍정적인 상태에서만 아침 습관을 실행하고 싶겠지만 그럴 때만 한다는 건 말도 안 되죠. 하나만 선택하세요. 하든가, 하지 않든가입니다. 1 아니면 0입니다. 젖 먹던 힘까지 다해서 끝내도록 하세요. 오늘을 1의 날로 만드세요. 0은 선택지에 없습니다.

☐ 나는 오늘의 챌린지를 완수했습니다.

DATE

1일 밤

오늘 나는 ________에 잠들고 내일 ________에 일어날 것이다.

크든 작든 오늘 하루 내가 성공적으로 해낸 일을 써봅시다.

____

____

내일의 아침 습관

(너무 거창한 목표를 잡지 않습니다! 예를 들어 '책을 20페이지 읽겠다'보다 '5페이지 읽겠다'는 식으로 목표를 작게 잡습니다.)

달성했나요?

1. ______________________ ☐
2. ______________________ ☐
3. ______________________ ☐
4. ______________________ ☐
5. ______________________ ☐

(시간은 현실 가능하면서 구체적인 시간으로 설정합니다.)

2일 낮

전날 나는 ________에 잠들고 오늘 ________에 일어났다.

오늘의 가장 중요한 일

____

(주의: 반드시 연속된 60일간 써야 하는 건 아닙니다! 중간에 하루 이틀 하지 못했을 경우엔, 다시 준비하고 이어갑니다.)

개선하고 싶은 내 약점은 무엇인가요?

____

____

오늘 밤 (잠들기 전) 두 가지 주의할 점

1. ______________________
2. ______________________

3일: 실천 팁

기상 시간은 일주일에 한 번만 조정합니다.

아침 습관과 마찬가지로 가장 이상적인 기상 시간이 정착하기까지는 변화의 과정이 필요합니다. 갑자기 평소보다 5시간 일찍 일어나는 건 비현실적인데다가 몸이 적응하기도 어렵죠. 목표한 시간으로 가기 위해 하루에 15분에서 30분 정도씩 단계별로 기상 시간을 당기는 게 좋습니다. 변화의 폭을 그보다 느리게 잡는 것도 좋습니다. 일주일마다 15분에서 30분 정도씩 개선해 나가기를 추천합니다.

성공을 위해서는 작은 성취가 필요합니다. 이는 삶의 다른 영역에도 적용되지만 습관을 바꾸는 데 특히 적용하기 좋습니다. 기상 시간을 보다 쉽게 바꾸고자 할 때도요.

처음에는 무슨 보상이 있나 싶지만, 한꺼번에 극적인 변화를 꾀하다가는 곧 한계에 부딪히고, 남은 하루에도 나쁜 영향을 미치며, 결과적으로 의욕을 상실하게 됩니다. 몸이 무리하지 않는 선에서 목표를 세우고 자연스러운 방식으로 몸 상태를 유지하도록 합시다.

> "기회는 마치 일출과도 같다. 너무 오래 기다리면 놓치고 만다."
> - 미국의 저술가 윌리엄 아서 워드 William Arthur Ward

DATE

2일 밤

오늘 나는 ________에 잠들고 내일 ________에 일어날 것이다.

나의 습관이나 기술 중 도움이 되었던 것이 있다면 무엇일까요? (감사하는 시간을 가져봅시다.)

____

내일의 아침 습관

(아침 습관은 사소한 것, 그래서 달성하기 쉬운 것으로 설정합니다)

		달성했나요?
1.	____________	☐
2.	____________	☐
3.	____________	☐
4.	____________	☐
5.	____________	☐

3일 낮

전날 나는 ________에 잠들고 오늘 ________에 일어났다.

오늘의 가장 중요한 일

____

(아침 시간에 한정되는 것이 아니라, 하루 중 가장 중요한 일입니다.)

오늘 각별히 주의하고 관심을 기울일 사람을 한 명 꼽는다면?

____

(더 나은 사람이 되기 위한 항목입니다.)

오늘 밤 (잠들기 전) 두 가지 주의할 점

1. ____________
2. ____________

4일: 오늘의 챌린지

목표: 아침 습관을 실천하면서 방해가 된 요소들을 적어 봅시다.

지금까지 아침 습관을 실천하면서 목표처럼 완벽하지 못했다면 또는 방해가 있었다면, 그 이유를 떠올려봅시다. 이제 호흡해 봅시다. 누구든지 뭔가를 지속해 나간다는 건 어려운 일입니다. 성공의 방법을 가장 많이 알려주는 건 역설적이게도 성공하지 못한 날들의 경험이죠. 엉망으로 망쳐버린 날을 다시금 변화시켜 봅시다. 당신을 힘들게 했던 요소를 의식적으로 써 내려가다 보면, 그에 대비할 수 있는 방안을 찾을 수 있습니다.

'완벽'하지 않다고 느낀 날, 다음의 질문에 답해봅시다

1. 더 나은 하루가 될 수 있었던 날, 처음의 판단 착오가 있기까지의 과정을 떠올려 봅시다. 더 나은 다음 날을 위한 교훈은 무엇이 있을까요?
2. 위에 적은 것 외에 앞으로의 실수를 막기 위해 어떤 규칙을 추가하면 좋을까요?
3. 스스로의 실수를 정당화할 수 있을까요?

이런 고민은 힘든 시기가 다시 찾아왔을 때 비장의 무기로 변화 가능합니다. 습관을 만드는 과정에서 누구나 실수를 합니다. 경험을 통해 교훈을 얻을 수 있다면 실수한 날은 완벽한 날만큼이나 중요한 날이 될 것입니다.

☐ **나는 오늘의 챌린지를 완수했습니다.**

DATE

3일 밤

오늘 나는 ________에 잠들고 내일 ________에 일어날 것이다.

오늘 한 일 중 긍정적 사고로 이어질 만한 행동을 하나 꼽는다면?

내일의 아침 습관

(간밤의 약속을 잘 지켰는지에 대해서는 다음 날 아침에 확인합니다.)

달성했나요?

1. ________ ☐
2. ________ ☐
3. ________ ☐
4. ________ ☐
5. ________ ☐

4일 낮

전날 나는 ________에 잠들고 오늘 ________에 일어났다.

오늘의 가장 중요한 일

(죄책감은 오히려 방해가 됩니다. 완벽을 추구하기보다는 실용성을 따져봅시다)

더 나은 사람이 되기 위해 오늘의 행동 중 무엇을 바꿔야 할까요?

오늘 밤 (잠들기 전) 두 가지 주의할 점

(아침의 약속을 잘 지켰는지에 대해서는 그날 밤에 확인합니다!)

1. ________
2. ________

5일: 공략 팁

아침 인증 파트너를 만듭시다.

긴 여정을 이어갈 때 누군가가 우리의 행동을 체크해 준다면 든든한 힘이 될 것입니다. 당신을 지켜보는 감시자가 있다면 책임감은 더 강해질 것이며, 서로의 목표를 도와줄 수도 있습니다.

1. 의욕이 가득한 아침 습관 파트너를 찾습니다.
   a. 주의할 점: 목표 의식을 공유할 사람이어야 합니다. 만약 당신이 아침 일찍 일어나기보다 하루의 습관을 조금 앞당기고 싶다면 당신과 비슷한 목표를 가진 사람을 파트너로 찾는 것이 좋습니다.
2. 목표 기상 시간을 정합니다.
3. 목표 달성을 인증할 방법을 정합니다.
   a. 일어나면 문자나 사진을 보내는 방식
   b. 일어나면 전화를 거는 방식

추가 옵션 당신과 파트너가 원하는 기상 시간을 정합니다. 둘 중 한 사람만 알람을 설정하고 다른 한 사람의 기상까지 책임집니다! 더 책임감이 커지겠죠?

DATE

4일 밤

오늘 나는 ________에 잠들고 내일 ________에 일어날 것이다.

친한 친구가 나의 일상을 본다면, 뭐라고 말할까요?

____

____

내일의 아침 습관

(실행 난이도가 낮아 마치 장난으로 생각될 만큼 작은 목표를 설정합시다.)

	달성했나요?
1. ________________	☐
2. ________________	☐
3. ________________	☐
4. ________________	☐
5. ________________	☐

5일 낮

전날 나는 ________에 잠들고 오늘 ________에 일어났다.

오늘의 가장 중요한 일

____

(이 일을 먼저 실행하고 하루를 시작합시다. 큰 성취감을 느낄 것입니다.)

당신에게 스트레스를 주는 일은 무엇이며, 대안은 무엇인가요?

(주의: 스트레스로 주의가 산만한 것은 괜찮습니다. 항상 염두에 두면서 통제할 수 있으면 됩니다.)

____

오늘 밤 (잠들기 전) 두 가지 주의할 점

1. ____
2. ____

6일: 실천 팁

기상 시간을 지키기 위한 몇 가지 방법

기상 시간에 맞춰 일어났지만 침대에서 미적거리는 건 고치기 어려운 습관입니다. 하지만 몇 가지 좋은 팁이 있습니다. 효과를 극대화하기 위해 몇 가지를 한꺼번에 실행해 보는 것도 좋습니다.

1. 침대에서 벗어나 일어설 때까지 알람을 끄지 않는 것을 원칙으로 합니다.

2. 최적의 컨디션을 위해 필요한 수면 시간을 파악합니다. 그 시간을 파악하기 위해서는 여러 가지 실험이 필요합니다. 한 번 파악한 뒤에는, 그 수면 시간을 바탕으로 침대에 눕는 시간과 기상 시간을 설정합니다.

이 방법을 지킨다면 알람이 울렸을 때, 자연스럽고 무리하지 않으며 일어날 수 있습니다. 자신이 정한 수면 시간이 충분히 가능하며, 습관으로 만들어야 한다는 걸 알게 되기도 합니다. 비록 일어날 때는 피곤하더라도 내면에서는 충분히 잤다는 걸 알고 있기에 다시 누울 이유가 없습니다.

3. 아침에 피곤한 상태로 일어나도 전혀 문제가 없다는 걸 깨닫게 됩니다. 아침 습관과 하루를 시작하면서 서서히 몸이 깨어날 것입니다. 일단, 움직이기 시작하는 게 중요합니다!

> "잘 생각해 보면, 아침에 침대에서 미적거리는 건 비효율적이기 짝이 없습니다.
> 그건 마치 '아침에 일찍 일어나는 건 절대 싫어.
> 그러니까 조금만 더, 조금만 더 잘 테야'라고 말하는 것과 같습니다."
>
> \- 영화배우 겸 방송작가 드미트리 마틴Demetri Martin

DATE ________

5일 밤

오늘 나는 ________에 잠들고 내일 ________에 일어날 것이다.

내가 미처 파악하지 못했던 나의 장점은 무엇인가요?

____

____

내일의 아침 습관

달성했나요?

1. ________ ☐
2. ________ ☐
3. ________ ☐
4. ________ ☐
5. ________ ☐

(얼마나 잘했느냐보다 계속 지켜가는지가 천 배는 더 중요합니다.)

6일 낮

전날 나는 ________에 잠들고 오늘 ________에 일어났다.

오늘의 가장 중요한 일

____

내 인생에서 핑계가 없었다면 무엇이 달라졌을까요?

____

오늘 밤 (잠들기 전) 두 가지 주의할 점

1. ________
2. ________

(아침 습관을 지키지 못했다 해도 죄책감을 가지지 마세요. 대신 '왜' 지키지 못했는지를 살펴봅시다.)

7일: 추천하는 것들

알람 앱 '알라미Alarmy'

가격 무료. iOS와 안드로이드 모두 가능.
주의 우리는 어떤 협찬도 받지 않았으며 단지 이 어플을 사랑할 뿐입니다.

알라미는 '세상에서 제일 짜증나는 알람 어플'이라고 스스로를 소개하며 지구상에 존재하는 알람시계 어플 중 가장 많은 다운로드를 기록했습니다. 알라미는 당신을 침대 밖으로 끌어내기 위해 다음과 같은 방법을 제안합니다.

1. 집의 구역을 사진 찍습니다. 알람을 멈추려면 침대 밖으로 나와서 등록한 구역과 일치하는 사진을 찍어야 합니다.
2. 셰이크 모델을 사용하면 미리 설정해 둔 목표에 도달할 때까지 핸드폰을 흔들어야만 알람을 끌 수 있습니다.
3. 미리 설정해 둔 난이도와 개수의 수학 문제를 풀어야만 알람이 꺼지는 개인 맞춤형 옵션도 있습니다.

침대에서 벗어나는 게 힘든 사람이라면, 재밌게 일어나는데 도움이 될 것입니다.

> "새벽 동이 트기 전에 일어나는 건 건강과 부, 그리고 지혜를 위해 좋은 습관이다."
> - 아리스토텔레스Aristoteles

1단계 완성!

DATE

6일 밤

오늘 나는 ________에 잠들고 내일 ________에 일어날 것이다.

오늘 누군가에게 어떤 식으로 긍정적인 영향을 미쳤나요?

내일의 아침 습관

달성했나요?

1. ☐
2. ☐
3. ☐
4. ☐
5. ☐

7일 낮

전날 나는 ________에 잠들고 오늘 ________에 일어났다.

오늘의 가장 중요한 일

내가 가장 불안한 장소가 있다면 어디인가요?

오늘 밤 (잠들기 전) 두 가지 주의할 점

1.
2.

~~STEP 1~~

완수.

1단계 재정비하기

1~7일을 체크하세요

1. 아침 습관 중 계속 지속하고 싶은 일은 무엇입니까?

2. 유용하지 않아서 하지 않기로 한 아침 습관은 무엇입니까?

3. 새로 추가하고 싶은 아침 습관은 무엇입니까?

4. 이 습관을 2주 동안 더 지속한다면, 당신은 어떤 사람이 될까요?

5. 지금 이 습관을 그만둬도 인생에 어떻게든 도움이 될까요?

STEP 2

8~20일

6

STEP 2
깊이 파고들어 일관성 유지하기

축하합니다, 1단계를 통과하셨네요! 지옥의 주를요!

설사 원하는 만큼의 성과를 거두지 못했더라도 걱정 마세요. 핵심은 하루에 한 번씩, 작은 승리를 이어가는 거니까요. 2단계는 더 중요합니다. 이제 좀 해낸 것 같다고 기뻐하거나, 목표에 도달하지 못할 것 같다는 절망을 느끼는 분기점이기 때문입니다. 어느 쪽이든, 마음의 소리는 무시해도 좋습니다.

벌써 목표에 도달한 듯한 기분이 들어도 이 상태를 계속 유지해야 하기에 자만해서는 안 됩니다. 절망적인 기분이 들어도 스스로를 믿고 매일의 노력을 이어가기만 한다면 성공할 수 있으니 좌절하면 안 됩니다.

이 시기에는 방해되는 것을 쓰는 대신 새로운 섹션을 추가했습니다. 바로 보상 부분입니다. 이는 매일의 습관을 이어가는 과정에서 성취감을 안겨줘서 습관을 지속하도록 도와줍니다.

여기서 아주 중요한 게 하나 있습니다. 대부분의 사람들은 습관에 실패하면 보상까지 아예 건너뛰는데요, 이렇게 되면 그날의 점수는 하나도 성공하지 못한 0점이 되어버리고 당연하게도 부정적인 기분만 남습니다. 누구나 그런 날이 있기 마련인데도 말입니다. 그리고 그 부정적인 기분이 계기가 되어 긍정적인 순환 고리가 깨져버리는 거죠. 그러니 실패한 날에는 오히려 마음을 다잡고 계획을 이어나가는 게 가장 중요하다는 걸 잊지 말도록 합시다!

8일: 오늘의 챌린지

목표: 사소한 결정을 내릴 때마다 스스로에게 물어봅시다.
"지금 이 결정은 최종 목표에 더 가까이 가는 것일까, 아니면 더 멀어지는 것일까?"

결정을 내리는 건 머리로 생각만 하는 것보다 백 배는 더 중요합니다. 오늘의 결정이 쌓여서 남은 생의 습관을 형성합니다. 우리의 뇌는 반복을 통해 학습합니다. 더 자기로 결정하는 건 실제로 더 자는 것보다 백 배는 강력한 영향을 줍니다. 반대로 긍정적인 작은 행동 역시 동일한 효력을 지닙니다. 5분 더 일찍 일어나는 아주 작은 결심부터, 중요한 업무를 먼저 하기로 한다든가, 힘이 없지만 운동의 마지막 동작 하나 더 해내는 것처럼 스스로를 한계까지 밀어붙이는 행동 말이죠. 이런 작은 눈덩이가 점차 불어나면서 나라는 사람을 구성합니다.

행동을 하지 않고 자기합리화를 할 수도 있겠지만 그 과정을 거치며 마음과 몸이 익숙해져버립니다. 핑계를 대는 것도 반드시 바꾸어야 할 일종의 습관입니다. 당신의 뇌는 실제 행위만을 인식합니다. 의도적으로 하루를 시작하면, 뇌 역시 그에 맞춰 전환됩니다. 작은 결심이 습관을 형성하고, 그 습관이 자신이 된다는 걸 명심합시다.

☐ **나는 오늘의 챌린지를 완수했습니다.**

> "과거의 당신이 결정 내리도록 두지 마세요. 오늘은 변화의 날입니다. 오늘 변하기로 했다면, 이후의 인생 모두 변하는 것입니다. 오늘 변하지 않으면 이후의 날들은 그저 오늘의 반복에 불과합니다."
>
> - 아리 바나얀Ari Banayan

1단계 완료
메달 획득!

DATE

7일 밤

오늘 나는 ________에 잠들고 내일 ________에 일어날 것이다.

오늘 한 일 중 미래에 긍정적인 영향을 미칠 것 같은 일을 꼽아보자면?

오늘 느낀 긍정적인 감정(동그라미로 표시하세요)

더 행복한 하루였다 / 더 계획적인 하루였다 / 충만함을 느꼈다 / 생산력이 향상됐다 / 활력이 넘쳤다 / 스트레스가 줄었다

내일의 아침 습관

(항목 하나당 아주 간단한 일을 결합해 봅시다. 예: 산책 10분 + 팟캐스트 듣기)

달성했나요?

1. ☐
2. ☐
3. ☐
4. ☐
5. ☐

8일 낮

전날 나는 ________에 잠들고 오늘 ________에 일어났다.

오늘의 가장 중요한 일

삶의 방향을 배우고 싶은 콘텐츠 크리에이터나 작가를 한 명 꼽으면?

9일: 독서의 날

『미라클 모닝』

『미라클 모닝』은 아침 습관을 알려주는 훌륭한 책입니다. 교통사고를 당해 6분간 사망 상태였다가 살아난 저자의 이야기는 흡입력이 넘칩니다. 이 책은 '라이프 세이버'라 부르는 아침 습관 실행법을 통해 아침을 시작할 수 있게 도와줄 것입니다. 저자 할 엘로드는 명상, 확언, 시각화, 실행, 독서, 낙서(작문/일기 쓰기)로 단계를 나누어 아침 습관을 제시합니다.

> "삶의 모든 일에 책임지기로 한 순간 당신은 무슨 일이든 해낼 수 있습니다."
>
> - 『미라클 모닝』 저자 할 엘로드[Hal Elrod]

1

DATE

8일 밤

오늘 나는 ________에 잠들고 내일 ________에 일어날 것이다.

오늘 사람들에게 받은 반응 중 자랑스러웠던 것은?

____

(주중/주말 일정의 차이가 심할 경우, 각각 다른 습관과 기상 시간을 설정해도 좋습니다.)

오늘 느낀 긍정적인 감정(동그라미로 표시하세요)

더 행복한 하루였다 / 더 계획적인 하루였다 / 충만함을 느꼈다 / 생산력이 향상됐다 / 활력이 넘쳤다 / 스트레스가 줄었다

내일의 아침 습관

달성했나요?

(매일의 목표를 사소하고 쉽게 해낼 수 있는 것으로 설정하는 것이 가장 훌륭한 실천법입니다)

1. ______________________________ ☐
2. ______________________________ ☐
3. ______________________________ ☐
4. ______________________________ ☐
5. ______________________________ ☐

9일 낮

전날 나는 ________에 잠들고 오늘 ________에 일어났다.

오늘의 가장 중요한 일

____

오늘 하루 중 가장 집중하고 싶은 순간은 언제인가요? 그 시간을 어떻게 보내고 싶나요?

____

____

10일: 공략 팁

수면 스케줄을 리부팅하세요.

평소 늦게 자는 사람이라면, 그리고 그것이 불만족스럽다면 당신의 뇌가 깨어 있는 것에 익숙한 상태라는 점을 활용합시다. 아주 흔한 일이며 바꾸기 어렵지 않습니다. 아래의 방법만 따라오세요. 수면 습관만 제대로 만든다면 제시간에 일어나 아침 습관을 실행하는 일이 자연스럽게 따라올 것입니다.

1. 침대로 들어가는 시간보다 다섯 시간 뒤에 알람을 설정합니다. 다음 날 알람이 울리면, 일단 침대 밖으로 뛰어나갑니다. 피곤하겠지만 신경 쓰지 마세요. 몇 시간만 지나면 괜찮아질 테니까요.
2. 그날 저녁쯤 다시 한 번 피곤할 것입니다. 그 피곤함을 일찍 잘 수 있는 원동력으로 삼으세요. 낮잠을 자선 안 됩니다.
3. '소등 시간'을 명확히 합니다. 불을 끄기로 한 시간이 되면, 모든 전자기기를 끄거나 비행기 모드로 바꾸고 주의를 산만하게 하는 요소를 제거합니다.
4. 두 가지 선택지가 있습니다. 잠들기 전까지 책을 읽거나 팟캐스트를 듣습니다. 물론 비행기 모드에서도 재생할 수 있도록 미리 다운로드해야겠죠.

> "아침에 일어나 맞이할 하루가 기대되지 않는다면, 인생에 재평가가 필요한 시점입니다."
>
> - 아리 바나얀

DATE

9일 밤

오늘 나는 ________에 잠들고 내일 ________에 일어날 것이다.

오늘 사람들에게 받은 정서적 반응 중 자랑스러웠던 것은?

(매일 아침 습관을 실행한 뒤에 침대맡에 아침 사용설명서를 두고 잠들기 전에 잊지 않고 체크할 수 있도록 하세요.)

오늘 느낀 긍정적인 감정(동그라미로 표시하세요)

더 행복한 하루였다	더 계획적인 하루였다	충만함을 느꼈다	생산력이 향상됐다	활력이 넘쳤다	스트레스가 줄었다

내일의 아침 습관

(매일 다섯 가지를 다 채울 필요는 없습니다. 상황에 맞게 적용하세요.)

달성했나요?

1. ________ ☐
2. ________ ☐
3. ________ ☐
4. ________ ☐
5. ________ ☐

10일 낮

전날 나는 ________에 잠들고 오늘 ________에 일어났다.

오늘의 가장 중요한 일

가장 최근에 결심을 어겼던 순간은 언제입니까? 또 이런 일이 반복되지 않으려면 어떻게 하는 게 좋을까요?

11일: 확언

1. 방해받지 않고 혼자 있을 수 있는 편안한 장소를 정합니다. 혼자만의 공간을 찾지 못한다면, 산 정상에서 확언을 소리친다는 상상을 하면서 머릿속으로 행합니다.
2. 활력이 넘친다고 여겼던 순간, 세상 무서울 게 없던 시기를 떠올리세요. 그 순간의 감정을 지금의 당신에게 적용시켜 봅니다. 당시에 어떤 기분이 들었나요? 기운이 넘치고, 아무도 날 막을 수 없을 것 같고, 믿을 수 없이 강력한 존재 같았나요? 지금 그 기분을 느껴봅시다!
3. 그 강렬함을 열 배로 강화시켜봅시다. 열정적으로 아래와 같이 말해봅시다.

"나는 아침 ________에 일어나 지금 에너지가 무제한으로 가득한 상태다.
일어날 시간에 주도적으로 일어나는 건 하루를 시작하기 전
몸과 마음에 긍정적인 영향을 주는 거야.
모든 사람이 아직 자고 있을 때 하루를 시작하는 건 자신감과 활력, 열정을 줘!
그 무엇도 나를 막을 수 없어!"

한 번 더 반복합니다.

> "아침에 일어나 살아 있다는 것, 숨 쉬고, 생각하고, 즐기고, 사랑할 수 있다는 것의 소중함에 대해 생각할 때 그날은 중요한 하루가 됩니다."
>
> - 심리학자 스티브 마라볼리 Steve Marabali

1

(내게 필요한 수면 시간이 몇 시간인지 실험해 봅시다. 오늘부터 3일간 여러 시간을 시도해 보세요.)

DATE

10일 밤

오늘 나는 ________에 잠들고 내일 ________에 일어날 것이다.

목표로 하는 모습을 만들기 위해 오늘 해야 할 것은?

(가끔은 쉬어가거나 완수하지 못하는 날도 있다는 걸 잊지 맙시다.)

오늘 느낀 긍정적인 감정(동그라미로 표시하세요)

더 행복한 하루였다	더 계획적인 하루였다	충만함을 느꼈다	생산력이 향상됐다	활력이 넘쳤다	스트레스가 줄었다

내일의 아침 습관

(완수하지 못했다고 죄책감을 느끼지는 맙시다! 지금은 습관을 만드는 과정이니까요.)

달성했나요?

1. ☐
2. ☐
3. ☐
4. ☐
5. ☐

11일 낮

전날 나는 ________에 잠들고 오늘 ________에 일어났다.

오늘의 가장 중요한 일

내가 더 열정적으로 오늘의 목표를 이룰 수 있는 장소는 어디인가요?

12일: 성공 사례

아리아나 허핑턴: 『허핑턴포스트』와 스라이브글로벌의 설립자

아리아나 허핑턴Arianna Huffington는 슈퍼우먼입니다. 그녀는 한때 테이블에서 기절해 광대뼈가 골절될 정도로 극심한 수면 장애와 업무 과도로 인한 탈진을 겪었습니다. 지금은 아무리 할 일이 많더라도 충분한 휴식과 회복을 가진다고 합니다. 아침에는 핸드폰을 보지 않고 바로 운동과 명상을 시작합니다. 커피와 아침도 거릅니다.

아리아나가 얻은 가장 큰 교훈은 밤 시간을 활용하는 법입니다. 모든 전자기기의 전원을 끄고 수면 자체에 충분히 집중할 수 있게 합니다. 많은 사람들이 제시간에 잠이 들고, 불필요한 방해 요소를 최소화하는 걸 가장 힘들어합니다. 밤 시간의 습관을 위해 시도할 수 있는 건 무엇일까요?

> "아침 습관을 포함해 자기 관리를 거르고 싶은 유혹이 생길 때마다,
> 나에 관한 계획을 지켜야만 내가 사랑하는 다른 이들에게도 도움이 되는
> 사람이 될 수 있다고 스스로를 상기시킵니다."
>
> \- 작가 코트니 카버Courtney Carver

DATE

11일 밤

오늘 나는 ________에 잠들고 내일 ________에 일어날 것이다.

오늘 어떤 방법으로 스스로를 사랑하고 돌보았나요?

오늘 느낀 긍정적인 감정(동그라미로 표시하세요)

더 행복한 하루였다 / 더 계획적인 하루였다 / 충만함을 느꼈다 / 생산력이 향상됐다 / 활력이 넘쳤다 / 스트레스가 줄었다

내일의 아침 습관

(도움이 될 것 같다면 각 항목을 실행할 시간대도 같이 기입합시다.)

달성했나요?

1. ________ ☐
2. ________ ☐
3. ________ ☐
4. ________ ☐
5. ________ ☐

12일 낮

전날 나는 ________에 잠들고 오늘 ________에 일어났다.

오늘의 가장 중요한 일

누구와 함께 시간을 보냈을 때 긍정적인 영향을 받았나요?

(반대로 누구와 함께 있을 때 일과를 이어가는 것이 힘들었나요? 부정적인 효과를 주는 원인도 함께 생각해 봅시다.)

13일: 보너스 실전 팁

일어나자마자 차가운 물 한 잔을 마시고 좋아하는 음악을 틀어보세요.

1. 아침에 일어나면 신체는 건조한 상태입니다. 일어나자마자 물을 마시면 세포에 필요한 영양과 활력이 공급됩니다. 물 한 잔은 우리를 깨어나게 하고, 몸을 활성화시키며, 불필요한 독성물질을 내보내고, 뇌에 연료를 공급합니다.

2. 아주 피곤한 상태라면 정신을 차리기 위해 신체에 자극을 줄 필요가 있습니다. 일어나자마자 빠르고 경쾌한 음악을 틉시다! 귀가 먹지 않을 정도로 듣고 싶은 만큼 크게 음악을 틀 수 있도록 침대맡에 헤드폰을 둬도 좋습니다. 같은 노래에 익숙해지지 않도록 10곡 이상의 노래가 있는 플레이리스트를 미리 준비하세요.

추가 옵션 신진대사에 자극을 주는 또 다른 방법은 일어나자마자 10~20초간의 짧은 스트레칭을 하는 겁니다. 점핑잭이나 푸쉬업 10회를 하면 완전히 잠에서 깰 수 있습니다.

> "50년간 나를 침대에서 깨운 건 태양이 아니었다."
> - 미국의 정치가 토머스 제퍼슨Thomas Jefferson

1

(잊지 말 것: 아침 사용설명서를 쓰고 싶은 마음이 생기지 않는 날이 가장 중요한 날입니다! 당신의 뇌에 이 일은 무조건 해야 한다는 걸 인식시켜야 합니다.)

DATE

12일 밤

오늘 나는 ________에 잠들고 내일 ________에 일어날 것이다.

최근 경험한 일 중 가장 기억에 남는 일을 떠올린다면?

오늘 느낀 긍정적인 감정(동그라미로 표시하세요)

더 행복한 하루였다	더 계획적인 하루였다	충만함을 느꼈다	생산력이 향상됐다	활력이 넘쳤다	스트레스가 줄었다

내일의 아침 습관

(작은 목표를 성공함으로써 더 나은 사람이 된 느낌을 받을 수 있습니다.)

달성했나요?

1. ☐
2. ☐
3. ☐
4. ☐
5. ☐

13일 밤

전날 나는 ________에 잠들고 오늘 ________에 일어났다.

오늘의 가장 중요한 일

더 나은 사람이 되기 위해 할 수 있는 작은 일 하나를 꼽는다면?

14일: 추천 팟캐스트

슬립 위드 미

슬립 위드 미Sleep With Me라는 팟캐스트는 잠들기 전 듣기 좋은 이야기를 읽어주면서 수면을 도와줍니다. 어릴 때 엄마가 아이에게 읽어주는 바로 그런 이야기요. 그저 침대에 누워서, 재생 버튼을 누르고 꿈나라로 가면 됩니다. 팟캐스트는 마치 자장가처럼, 지루한 이야기를 들려줘서 침대에 누워서도 수많은 생각으로 복잡한 머릿속을 수면 모드로 바꿔줍니다.

실천법

1. 팟캐스트 'Sleep With Me'를 검색해 듣고 싶은 에피소드를 찾습니다.
2. 그 에피소드를 다운로드합니다.
3. 핸드폰을 비행기 모드로 바꾸고 에피소드를 재생합니다.
4. 재생 중인 에피소드가 끝나면 팟캐스트가 종료되도록 설정합니다.

> "잠들기 전에는 그날의 분노를 잊어버리는 게 좋다."
> - 마하트마 간디Mahatma Gandhi

1

DATE

13일 밤

오늘 나는 ________에 잠들고 내일 ________에 일어날 것이다.

나를 특별한 존재로 만들어주는 남다른 점 하나를 꼽으면?

오늘 느낀 긍정적인 감정(동그라미로 표시하세요)

더 행복한 하루였다 / 더 계획적인 하루였다 / 충만함을 느꼈다 / 생산력이 향상됐다 / 활력이 넘쳤다 / 스트레스가 줄었다

내일의 아침 습관

(아침에 습관을 완수하지 못했을 경우, 그날의 다른 시간대에 다시 시도해 보는 것도 좋습니다.)

달성했나요?

1. ☐
2. ☐
3. ☐
4. ☐
5. ☐

14일 밤

전날 나는 ________에 잠들고 오늘 ________에 일어났다.

오늘의 가장 중요한 일

내가 나의 최대치를 끌어내지 못하는 이유는?

15일: 오늘의 챌린지

목표: 하루를 기대하게 만드는 한 가지 활동을 정해서 습관에 적용시킵니다.

아침에 맞이할 하루가 끔찍하다면, 그건 기상 시간과 상관없는 일입니다. 일찍 일어나든 늦게 일어나든 아침에 일어나는 게 기대되지 않는다면 침대 밖으로 나서는 것조차 어렵습니다. 만약 아침을 기분 좋게 맞이하는 방법을 찾는다면, 눈떴을 때 "어서 일어나고 싶어. 오늘 하루는 멋질 거야. 오늘 난 아주 즐거운 일을 할 거고, 이건 오늘뿐 아니라 남은 한 주, 그리고 내 인생을 변화시킬 거야!"라고 외칠 것입니다. 상상만 해도 정말 멋지죠. 수면 장애로 시달리든, 앞으로 닥칠 난관이 얼마나 많든 당신은 침대에서 벌떡 일어나 다가올 하루를 기대하게 될 것입니다.

다음 날을 기대하는 마음가짐으로 아침을 시작합시다. 전날 밤 일어날 시간을 적고, 30초 동안 하루를 완벽하게 보낼 수 있다는 확신을 가져봅시다. 어쩌면 책 몇 페이지를 읽고, 명상을 하고, 다음 날을 가장 멋진 날로 만들겠다는 다짐만으로 충분합니다.

"꿈을 이룰 시간이 부족하다면, 아침 일찍 일어나서 시간을 확보하라."

☐ 나는 오늘의 챌린지를 완수했습니다.

DATE

14일 밤

오늘 나는 ________에 잠들고 내일 ________에 일어날 것이다.

내 인생에서 보완하고 싶은 약점이 있다면?

____

____

오늘 느낀 긍정적인 감정(동그라미로 표시하세요)

더 행복한 하루였다	더 계획적인 하루였다	충만함을 느꼈다	생산력이 향상됐다	활력이 넘쳤다	스트레스가 줄었다

내일의 아침 습관

달성했나요?

1. ______________________________ ☐
2. ______________________________ ☐
3. ______________________________ ☐
4. ______________________________ ☐
5. ______________________________ ☐

15일 밤

전날 나는 ________에 잠들고 오늘 ________에 일어났다.

오늘의 가장 중요한 일

____

오늘 하루 내가 이룬 가장 큰 성공을 꼽아보자. 크든 작든 상관없다.

____

____

16일: 확언

1. 방해받지 않고 혼자 있을 수 있는 편안한 장소를 정합니다. 혼자만의 공간을 찾지 못한다면, 아래의 확언을 산 정상에서 크게 소리친다는 상상을 하면서 머릿속으로 행합니다.
2. 활력이 넘친다고 여겼던 순간, 세상 무서울 게 없던 때를 떠올리세요. 그 순간 드는 온갖 감정을 활용해 지금의 당신에게 적용시켜 봅니다. 그때 당신은 어떤 기분이 들었나요? 기운이 넘치고, 아무도 날 막을 수 없을 것 같고, 믿을 수 없이 강력한 존재 같았나요? 지금 그 기분을 느껴봅시다!
3. 그 강렬함을 열 배로 강화시켜 봅시다. 열정적으로 아래와 같이 말해봅시다.

"하루하루를 최대한으로 살 수 있는 사람이야말로 원하는 바를
이룰 수 있다. 모든 성공한 사람들은 이를 실천했다."

"나는 아침 ________에 알람이 울리자마자 침대에서 일어나
에너지가 가득한 하루를 시작할 것이다."

"아침에 확보한 시간을 최고의 습관을 만드는 데 활용할 것이다."

"기상 시간을 주도하면 생산성과 효율성, 에너지는 최대치가 될 것이다."

한 번 더 반복합니다.

> "아침 5시에 일어나는 사람과 아침 7시에 일어나는 사람이 40년간 같은 시간에 잠든다고 가정했을 때 인생에서 3년 정도의 시간이 차이가 납니다."
> - 영국의 목회자 필립 도드리지Philip Doddridge

DATE

15일 밤

오늘 나는 ________에 잠들고 내일 ________에 일어날 것이다.

당장 오늘 효과를 볼 수 있는 인생의 기술은 무엇일까?

오늘 느낀 긍정적인 감정(동그라미로 표시하세요)

더 행복한 하루였다	더 계획적인 하루였다	충만함을 느꼈다	생산력이 향상됐다	활력이 넘쳤다	스트레스가 줄었다

내일의 아침 습관

(계속 습관을 완수하지 못한다면 무엇을 변경해야 할까요?)

달성했나요?

1. ☐
2. ☐
3. ☐
4. ☐
5. ☐

16일 밤

전날 나는 ________에 잠들고 오늘 ________에 일어났다.

오늘의 가장 중요한 일

오늘 내가 특별히 관심을 가지고 보살필 사람은 누구인가요?

17일: 공략 팁

낮잠의 중요성

완전히 지치고 체력이 고갈될 때가 있습니다. 며칠 정도, 혹은 몇 주간 충분한 수면을 취하지 못했다면 특히 그렇습니다. 이럴 경우 20분 정도 짧게 낮잠을 자면 효율적으로 활력을 찾을 수 있습니다. 하지만 많은 사람들이 낮잠 자는 걸 힘들어합니다. 특히 완전히 잠들기 어렵다고 하죠.
에너지를 얻기 위해 완전한 수면이 필요한 건 아닙니다. 몸의 긴장을 풀고 에너지를 채우기 위해 마음을 편하게 한다고 생각하세요. 20분은 '노력 대비 효율(낮잠에 투자하는 시간 대비 얻는 에너지의 효과)'이 가장 좋다는 연구를 근거로 나온 시간입니다. 20분의 낮잠을 취한다고 생각한다면 아침에 일찍 일어나도 나중에 낮잠으로 에너지를 충전할 수 있으니 부담이 덜합니다. 기상 시간의 한계선을 설정하는 데 활용해도 좋습니다.

효과적인 낮잠법

1. 핸드폰을 비행기 모드로 전환합니다.
2. 타이머를 20분 뒤로 설정합니다.
3. 20분간 눈을 감고 쉽니다.
4. 20분 뒤 타이머가 울리는 즉시 일어나 움직입니다. 몽롱한 상태에서 벗어나도록 바로 에너지를 쓰는 게 좋습니다. 아니면 90분의 수면 사이클을 더해 천천히 깊은 잠에 듭니다.

> "낮잠이 없는 하루란 마치 설탕이 없는 컵케이크와 같다."
> \- 테리 기예모츠Terri Guillemots

16일 밤

오늘 나는 ________에 잠들고 내일 ________에 일어날 것이다.

오늘 내가 한 일 중 삶에 긍정적인 효과로 이어질 만한 것을 하나 꼽는다면?

____

오늘 느낀 긍정적인 감정(동그라미로 표시하세요)

더 행복한 하루였다	더 계획적인 하루였다	충만함을 느꼈다	생산력이 향상됐다	활력이 넘쳤다	스트레스가 줄었다

내일의 아침 습관

달성했나요?

1. ______________________________ ☐
2. ______________________________ ☐
3. ______________________________ ☐
4. ______________________________ ☐
5. ______________________________ ☐

17일 낮

전날 나는 ________에 잠들고 오늘 ________에 일어났다.

오늘의 가장 중요한 일

____

내가 오늘 완벽한 상태였다면 오늘의 행동 중 무엇이 달라졌을까요?

____

____

18일: 공략 팁

핸드폰의 흑백모드를 활용해 핸드폰 중독에서 벗어납니다.

긴 하루를 보내고 밤이 되면 쉬고 싶은 마음뿐입니다. 이럴 때 손쉬운 오락거리로 핸드폰을 들여다보기가 쉽습니다. 물론 그 자체는 문제가 되지 않지만, 핸드폰을 들여다보는 습관을 절제하지 못하면 즐거움보다 자괴감이 커집니다.

핸드폰 중독에서 벗어나기 위한 방법 중 하나는 핸드폰을 흑백모드로 변경하는 것입니다. 단순하지만 시각적으로 색채를 단절시킴으로써 '도저히 멈출 수 없는' 핸드폰 중독 시간을 줄일 수 있습니다. 어떤 사람은 매일 잠들기 전 저녁 습관에 이 방법을 적용하기도 합니다.

> "매일매일이 다 좋을 수는 없지만, 매일의 하루에는 분명 좋은 부분이 있다."
> - 미국의 작가 앨리스 모스 얼 Alice Morse Earle

DATE

17일 밤

오늘 나는 ________에 잠들고 내일 ________에 일어날 것이다.

스스로 사소하게 여기지만 사실 대단한 부분이 있다면 무엇일까요?

오늘 느낀 긍정적인 감정(동그라미로 표시하세요)

더 행복한 하루였다	더 계획적인 하루였다	충만함을 느꼈다	생산력이 향상됐다	활력이 넘쳤다	스트레스가 줄었다

내일의 아침 습관

달성했나요?

1. ________ ☐
2. ________ ☐
3. ________ ☐
4. ________ ☐
5. ________ ☐

18일 밤

전날 나는 ________에 잠들고 오늘 ________에 일어났다.

오늘의 가장 중요한 일

내 인생에서 핑계가 없었다면 무엇이 달라졌을까요?

19일: 확언

1. 방해받지 않고 혼자 있을 수 있는 편안한 장소를 정합니다. 혼자만의 공간을 찾지 못한다면, 아래의 확언을 산 정상에서 크게 소리친다는 상상을 하면서 머릿속으로 행합니다.
2. 활력이 넘친다고 여겼던 순간, 세상 무서울 게 없던 때를 떠올리세요. 그 순간 드는 온갖 감정을 활용해 지금의 당신에게 적용시켜 봅니다. 그때 당신은 어떤 기분이 들었나요? 기운이 넘치고, 아무도 날 막을 수 없을 것 같고, 믿을 수 없이 강력한 존재 같았나요? 지금 그 기분을 느껴봅시다!
3. 그 강렬함을 열 배로 강화시켜 봅시다. 열정적으로 아래와 같이 말해봅시다.

"아침 시간에 내 몸에 신경을 쓰고
하루 종일 성취감과 생동감, 에너지와 건강함을 느낄 것이다."

"나는 더 이상 부정적인 영향을 받지 않을 것이다. 내가 원하는 시간에 일어나고, 강해지는 것을 느끼면서 내가 원하는 것을 모두 이룰 수 있는 사람이 될 것이다."

한 번 더 반복합니다.

> "뭔가를 꿈꾸는 것과 실천하는 것의 차이가 실패와 성공을 좌우한다."
> - 익명

DATE

18일 밤

오늘 나는 ________에 잠들고 내일 ________에 일어날 것이다.

오늘 누군가의 삶에 긍정적인 영향을 미친 일이 있나요?

오늘 느낀 긍정적인 감정(동그라미로 표시하세요)

더 행복한 하루였다 | 더 계획적인 하루였다 | 충만함을 느꼈다 | 생산력이 향상됐다 | 활력이 넘쳤다 | 스트레스가 줄었다

내일의 아침 습관

달성했나요?

1. ☐
2. ☐
3. ☐
4. ☐
5. ☐

19일 낮

전날 나는 ________에 잠들고 오늘 ________에 일어났다.

오늘의 가장 중요한 일

나를 발전시킬 수 있는 사소한 방법을 하나 꼽는다면?

20일: 성공 사례

벤자민 프랭클린

벤자민 프랭클린은 그 유명한, 미국의 창시자 중 한 명입니다. 사람들이 잘 모르는 사실 중 하나는 프랭클린이 '할 일 리스트to-do list'의 창시자라는 점인데요. 벤자민 프랭클린은 매일 아침을 어떻게 시작할지 구체적인 지침을 세운 사람입니다. 오전 5시부터 8시까지 3시간을 기준으로 하루를 계획했습니다. 벤자민 프랭클린의 일정을 살펴보고 우리에게 적용할 만한 것들은 없는지 찾아봅시다. 그처럼 시간대별로 자세하게 하루의 일정을 계획해 보는 것도 실험할 만합니다.

일정표

아침 "오늘은 어떤 선함을 행할까?"	5 6 7	일어나서 씻고 그날의 일정을 확인하고, 나머지 시간을 어떻게 보낼지 정한다. 진행하던 연구를 점검한 후 아침 식사.
	8 9 10 11	업무
점심	12 1	독서 혹은 장부 확인 후 식사
오후	2 3 4 5	업무
저녁 "오늘 내가 행한 선함은 무엇인가?"	6 7 8 9	물건 제자리에 두기. 저녁 식사. 음악 혹은 기분전환이 될 취미, 대화. 오늘 하루에 대한 점검.
밤	10 11 12 1 2 3 4	수면

DATE

19일 밤

오늘 나는 ________에 잠들고 내일 ________에 일어날 것이다.

오늘 한 일 중 인생에 긍정적인 영향을 미치는 것이 있나요?

오늘 느낀 긍정적인 감정(동그라미로 표시하세요)

더 행복한 하루였다 | 더 계획적인 하루였다 | 충만함을 느꼈다 | 생산력이 향상됐다 | 활력이 넘쳤다 | 스트레스가 줄었다

내일의 아침 습관

달성했나요?

1. ______________ ☐
2. ______________ ☐
3. ______________ ☐
4. ______________ ☐
5. ______________ ☐

20일 낮

전날 나는 ________에 잠들고 오늘 ________에 일어났다.

오늘의 가장 중요한 일

내가 시간을 보내는 장소 중 진정으로 행복해질 수 없는 곳을 하나 꼽는다면?

~~STEP 2~~

돌파.

2단계 복습

8~20일

1. 하루를 생산적으로 만들기 위해 무엇이 가장 중요하다고 생각했나요?

2. 계속 이어가야 할 수면 습관은 무엇이 있을까요?

3. 새로 시도해 보고 싶은 아침 습관이 있나요?

4. 아침 시간에 집중한 경험이 당신의 삶에 어떤 영향을 미칠까요?

5. 지금 하고 있는 이 과정을 중단한다면, 어떤 기분이 들까요?

STEP 3

21-60일, 그리고 그 이후

STEP 1	STEP 2	STEP 3
1~7일 자유의 주	8~20일 습관 유지하기	21~60일 이후 **뇌 환기시키기**

7

STEP 3

뇌 환기시키기

성장에 대한 관심 유지하기

축하합니다! 이제 3단계까지 왔군요. 상상해 온 미래의 자신이 되기 위해 여기까지 잘 실천했습니다. 이제 이 단계에서는 성장을 위한 습관을 만드는 방법을 탐험해 볼 것입니다. 대부분의 사람들은 이 단계에서 아침 습관과 기상 시간, 수면 시간 등을 다양하게 수정, 변경하며 시도해 봅니다.

원숭이가 나무에서 떨어진다는 말이 있듯, 당연하게 지켜온 것들은 오히려 실수하기가 쉽습니다. 그래서 이 단계에서 목표 달성에 실패하곤 합니다. 최고의 아침 습관을 DNA에 새겨나가듯 계속 노력합시다. 이는 컨디션이 최고인 날, 최악인 날, 별로 내키지 않는 날 할 것 없이 스스로와의 약속을 지켜나가는 게 중요하다는 의미입니다.

아침 일찍 일어나는 건
시간이 지날수록
덜 힘들어질 거야!

21일: 공략 팁

신체 시계가 보내는 신호에 집중합니다.

우리는 대부분 너무 늦게 자거나 너무 오래 자서 실제 필요한 수면 시간을 모릅니다. 일주일 동안 평범하게 밤 9시에서 11시 사이에 잠들고 이를 유지합니다. 아무 방해 없이 잠들고 자연스럽게 깨게 둡시다. 잠깐 낮잠을 자거나, 일어난 뒤 다시 자는 일은 없도록 합니다. 머리가 아닌 몸이 원하는 자연스러운 수면 시간을 알아갑니다. 보통 우리는 신체가 필요한 시간보다 더 많이 자야 한다고 생각하곤 합니다. 신체 시계를 기준으로, 일어나기를 원하는 시간에 맞춰 언제 잠들지를 결정합니다.

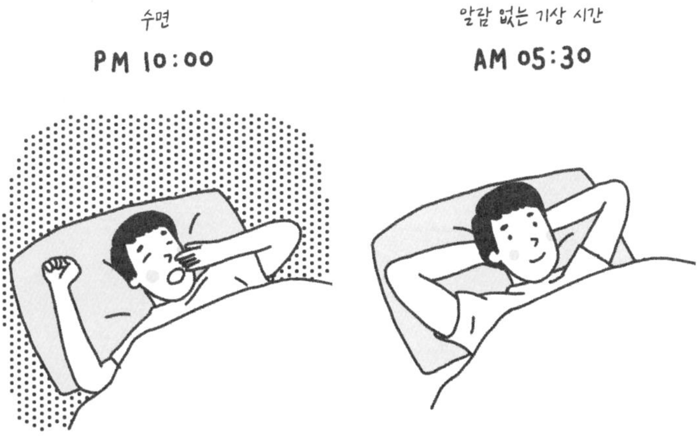

> "당신의 내면 깊은 곳에서 '왜'를 찾아낸다면 더 이상 졸지 않을 겁니다.
> 진정한 '왜'를 알아낸 사람은 그걸 실현하기 위한 방법을 찾아내기 마련입니다."
> - 미국의 작가 에릭 토마스Eric Thomas

DATE

20일 밤

오늘 나는 ________에 잠들고 내일 ________에 일어날 것이다.

최근 경험한 것 중 인상 깊었던 순간을 꼽는다면?

오늘 하루에 대한 소감

(이 새로운 섹션은 반성, 창조적인 아이디어 등 무엇이든 쓸 수 있는 자유로운 공간입니다)

내일의 아침 습관

완수했나요?

1. ________ ☐
2. ________ ☐
3. ________ ☐
4. ________ ☐
5. ________ ☐

21일 낮

전날 나는 ________에 잠들고 오늘 ________에 일어났다.

오늘의 가장 중요한 것

**하루 중 가장 집중하고 싶은 시간은 언제인가요?
그 시간을 어떻게 보내고 싶나요?**

22일: 오늘의 챌린지

목표: 컴포트 존를 벗어납니다.

스스로 설정한 컴포트 존(편안함을 느끼는 장소나 상황)을 살펴봅시다. 자신이 만든 작은 세계 안에서는 결국 모든 게 제한적이라는 것을 깨달게 될 것입니다. 성장하고 싶다면, 그 한계를 넘어설 필요가 있습니다.

사람은 누구나 컴포트 존을 가지고 있습니다. 컴포트 존은 스스로를 나타내는 지표이기도 합니다. 우리가 어떤 것에 기꺼이 시간을 쓰는지, 어떤 활동에 참여하고 싶은지, 어떤 사람들과 관계 맺고자 하는지 등등을 말이죠.

당신과 타인을 구별 짓는 것은 스스로 설정한 한계입니다. 어떤 사람은 컴포트 존이 넓고, 기준이 관대한 반면 어떤 사람은 컴포트 존이 협소합니다. 면적이 크든 작든 컴포트 존은 당신이 상대해야 할 가장 큰 적입니다. 컴포트 존은 우리가 뭔가를 실행에 옮기는 데 방해가 되곤 합니다. 컴포트 존에 머무는 한, 그 누구도 성장할 수 없습니다.

컴포트 존에 머무는 동안은 실패하거나 거절당할 거라는 두려움, 자신에게 실망할지 모른다는 걱정에서 자유롭습니다. 물론 실망은 주관적인 개념이지만 완전히 허상입니다. 솔직히 말하자면 타인은 당신의 성공이나 실패에 관심이 없습니다. 그러니 나약해 보이는 걸 두려워하지 마세요. 과감하게 실행에 옮긴 뒤 당신의 가능성을 확인해 보세요.

☐ 나는 오늘의 챌린지를 완수했습니다.

DATE

21일 밤

오늘 나는 ________에 잠들고 내일 ________에 일어날 것이다.

오늘 들었던 말 중 가장 뿌듯한 말은 무엇인가요?

(어떤 사람들은 이 공간을 습관을 향상시킬 수 있는 방법을 생각하는 데 쓰기도 하고, 하루를 성찰하는 데 쓰기도 합니다.)

오늘 하루에 대한 소감

내일의 아침 습관

완수했나요?

1. ______ ☐
2. ______ ☐
3. ______ ☐
4. ______ ☐
5. ______ ☐

22일 낮

전날 나는 ________에 잠들고 오늘 ________에 일어났다.

오늘의 가장 중요한 것

가장 최근에 스스로 다짐했던 걸 어긴 일은 무엇인가요?
이런 일이 반복되지 않으려면 어떻게 해야 할까요?

23일: 확언

1. 방해받지 않고 혼자 있을 수 있는 편안한 장소를 정합니다. 혼자만의 공간을 찾지 못한다면, 아래의 확언을 산 정상에서 크게 소리친다는 상상을 하면서 머릿속으로 행합니다.
2. 활력이 넘친다고 여겼던 순간, 세상 무서울 게 없던 때를 떠올리세요. 그 순간 드는 온갖 감정을 활용해 지금의 당신에게 적용시켜 봅니다. 그때 당신은 어떤 기분이 들었나요? 기운이 넘치고, 아무도 날 막을 수 없을 것 같고, 믿을 수 없이 강력한 존재 같았나요? 지금 그 기분을 느껴봅시다!
3. 그 강렬함을 열 배로 강화시켜 봅시다. 열정적으로 아래와 같이 말해봅시다.

"아침을 정복하고, 하루를 충실하게 보내며 인생의 목표를 성취할 것이다.
그 어떤 일이 있더라도 나와의 약속을 실천할 것이다.
이전에 결코 경험하지 못했던 새로운 단계로 도약할 것이다!"
"나는 내 인생에서 가장 알찬 하루를 만들기 위해 목표를 이뤄나갈 것이다.
아침 습관을 활용해서 하루의 남은 시간 역시 멋지게 채워나갈 것이다."

한 번 더 반복합니다.

> "확언은 마치 토양에 씨앗을 심는 것과 같습니다.
> 척박한 토양에서는 성장이 더디고, 풍족한 토양에서는 성장이 가파른 법이죠.
> 스스로 만족할 수 있게끔 사고를 바꿀수록 확언의 힘은 커질 것입니다."
> - 미국의 작가 루이즈 L. 헤이 Louise L. Hay

1 2

DATE

22일 밤

오늘 나는 ________에 잠들고 내일 ________에 일어날 것이다.

오늘 하루 내 인생관은 어떻게 긍정적으로 바뀌었나요?

(팁: 이런 식으로 스스로에게 질문하고 답해보세요. "오늘 내가 도움을 준 사람이 한 명이라도 있는가?")

오늘 하루에 대한 소감

내일의 아침 습관

(어느 정도 습관이 잡혔다 싶으면 한 단계 더 나가기 위한 여러 가지 실험을 자유롭게 시도해 봅시다.)

완수했나요?

1. ☐
2. ☐
3. ☐
4. ☐
5. ☐

23일 낮

전날 나는 ________에 잠들고 오늘 ________에 일어났다.

오늘의 가장 중요한 것

오늘 열정과 활기를 느낄 수 있었던 장소를 하나 적어봅시다.

24일: 오늘의 챌린지

목표: 주말까지 일관성 유지하기

우리는 보통 주말에는 주중과 완전히 다른 일정을 보냅니다. 늦게 잠들고, 평일과는 다른 일을 하죠. 문제는 우리의 신체가 그 사실을 인지하지 못한다는 것입니다. 신체에게 월요일과 일요일은 다를 것 없는, 동일한 하루입니다. 만약 주중에는 아침 5시에 일어났는데 주말에는 늦게 자고 늦게 일어난다면, 몸과 시스템은 혼란에 빠집니다. 이렇게 일관성이 깨지면 그다음 주에 계획했던 기상 시간을 지키기는 훨씬 더 힘들어집니다.

평소 수면이 부족해서 주말에 이를 보충하고자 한다면 다른 방법이 있습니다. 낮잠으로 부족한 수면을 채우는 것입니다. 주말에 기상 습관을 깨뜨리는 것보다 더 낫고 며칠, 몇 주, 몇 달 이후를 생각했을 때 장기적으로 훨씬 효과적입니다. 일관성을 위해서는 주중과 주말의 수면 패턴을 유지하는 게 중요합니다. 최소한 앞으로 일주일간은 평일과 주말에 같은 습관을 지킵시다.

☐ 나는 오늘의 챌린지를 완수했습니다.

> "제대로 된 음식을 먹고, 아침에 계획을 짜고 여유로운 시간을 가지는 건 하루의 생산성을 높이는 데 가장 중요한 요소들입니다."
> -미국의 역사학자 데이비드 무어David Moore

DATE ______

23일 밤

오늘 나는 ________에 잠들고 내일 ________에 일어날 것이다.

오늘 스스로를 어떻게 사랑하고 돌보았나요?

______

______

(이 공간에 당신의 여정에 대한 소감을 기록해도 좋습니다.)

오늘 하루에 대한 소감

______

______

내일의 아침 습관

(새로운 습관이 나와 잘 맞는지를 시험하려면, 최소한 3일 연속 실행해 보는 게 좋습니다.)

	완수했나요?
1. ______	☐
2. ______	☐
3. ______	☐
4. ______	☐
5. ______	☐

24일 낮

전날 나는 ________에 잠들고 오늘 ________에 일어났다.

오늘의 가장 중요한 것

______

더 나은 사람이 되기 위한 사소한 방법을 하나 찾아봅시다.

______

______

25일: 추천 팟캐스트

샬레인 존슨이 진행하는 '샬레인 쇼'

샬레인 존슨은 건강 분야의 전문가이자 사업가입니다. 그녀가 삶을 개선하는 방법에 대해 소개하는 '샬레인 쇼The Chalene Show'는 4,000개의 리뷰와 평점 5점을 기록한 인기 팟캐스트입니다.

약력에도 소개되어 있듯, 샬레인은 뇌혈관질환과 극심한 감정 기복, 만성적인 통증과 부상 등 건강 문제로 고통받았습니다. 그러면서 식이와 피트니스 산업에서 정의하는 건강의 개념에 대해 의문을 품게 되었고 자연스럽게 건강과 웰니스 쪽으로 관심을 옮겨 많은 과학 분야 논문을 읽고 질문하면서 본인의 연구를 발전시켰습니다.

이 팟캐스트는 건강과 라이프스타일, 만족스러운 삶을 사는 방법에 대한 현실적인 접근법을 소개합니다. 261화 '어떻게 하면 아침형 인간이 될 수 있는가'에서 샬레인은 자신이 어떻게 아침형 인간이 되었는지에 대해 경험과 팁을 들려줍니다.

팟캐스트를 찾아보고 싶다면 아이튠스와 스티처Stitcher 등의 애플리케이션에서 '샬레인 쇼'를 검색해 보세요.

> "지난 33년간, 나는 매일 아침마다 거울을 보며 스스로에게 물었습니다.
> '만약 오늘이 내 남은 인생의 마지막 날이라면, 그때도 오늘과 똑같은 하루를 보내고 싶을까?' 그리고 그에 대한 대답이 며칠 이상 '아니'로 지속된다면, 뭔가를 바꿀 시점이라는 걸 알 수 있었습니다."
>
> - 스티브 잡스Steve Jobs

1

2

DATE

24일 밤

오늘 나는 ________에 잠들고 내일 ________에 일어날 것이다.

최근 경험한 일 중 기억에 남는 순간이 있다면 무엇인가요?

오늘 하루에 대한 소감

내일의 아침 습관

완수했나요?

1. ☐
2. ☐
3. ☐
4. ☐
5. ☐

25일 낮

전날 나는 ________에 잠들고 오늘 ________에 일어났다.

오늘의 가장 중요한 것

오늘 내 능력을 최대로 발휘하지 못한 이유는 무엇일까요?

26일: 확언

1. 방해받지 않고 혼자 있을 수 있는 편안한 장소를 정합니다. 혼자만의 공간을 찾지 못한다면, 아래의 확언을 산 정상에서 크게 소리친다는 상상을 하면서 머릿속으로 행합니다.
2. 활력이 넘친다고 여겼던 순간, 세상 무서울 게 없던 때를 떠올리세요. 그 순간 드는 온갖 감정을 활용해 지금의 당신에게 적용시켜 봅니다. 그때 당신은 어떤 기분이 들었나요? 기운이 넘치고, 아무도 날 막을 수 없을 것 같고, 믿을 수 없이 강력한 존재 같았나요? 지금 그 기분을 느껴봅시다!
3. 그 강렬함을 열 배로 강화시켜 봅시다. 열정적으로 아래와 같이 말해봅시다.

"매일 아침 습관을 실천함으로써 내 삶에 아름다움과 즐거움, 행복을 더할 것이다.
아침을 온전히 소유하면 할수록, 인생의 목표가
자연스럽게 일상에 흘러들어올 것이다."
"나 자신과 내 삶을 정복함으로써 삶의 질은 수직상승하고
내게 필요한 어떤 목표라도 열정으로 극복할 것이다.
이건 나 자신과의 서약이며 이를 지킬 것이다,
지금 당장 시작하자!"

한 번 더 반복합니다.

DATE

25일 밤

오늘 나는 ________에 잠들고 내일 ________에 일어날 것이다.

나를 남다른 사람으로 만드는 특별한 점을 하나 꼽는다면 무엇인가요?

오늘 하루에 대한 소감

내일의 아침 습관

완수했나요?

1. ☐
2. ☐
3. ☐
4. ☐
5. ☐

26일 낮

전날 나는 ________에 잠들고 오늘 ________에 일어났다.

오늘의 가장 중요한 것

내가 개선하고자 하는 취약한 부분은 무엇인가요?

27일: 추천 애플리케이션

수면 사이클

아침에 눈을 떴을 때 상쾌함을 느낄지, 아닌지는 순전히 타이밍에 달려 있습니다. ‘수면 사이클Sleep Cycle’은 당신의 수면 패턴을 파악하고 당신이 얕은 수면 상태에 있을 때 깨워주는 알람시계 역할을 합니다. 얕은 수면 상태에서는 알람시계가 없어도 자연스럽게 일어나고 휴식한 느낌을 줍니다. 놀랄 만큼 정확한 시점에 당신을 깨워주며, 일어나는 기분 역시 놀라울 것입니다.

잠을 자는 동안에 우리는 여러 수면 단계를 거칩니다. 처음에는 얕은 수면, 그다음에는 깊은 수면, 그다음에는 자는 동안에 빠르게 안구가 돌아갑니다. 깊은 수면 상태에서의 움직임 역시 여러 단계로 나뉩니다.

이 애플리케이션은 당신의 움직임(또는 소리)을 추적해 얕은 수면 상태일 때 미리 설정해 둔 30분짜리 알람 창이 떠서 당신을 깨웁니다. 당신의 수면 패턴을 추적해서 얕은 수면과 깊은 수면, REM 수면 상태로 구분한 그래프도 다운받을 수 있습니다.

다운로드 www.sleepcycle.com

> “매일 아침 일찍 일어날 때마다 오늘 하루가 멋질 거라는 생각이 듭니다.
> 내 의지로 그런 날을 이어가는 한 나쁜 하루는 일어나지 않을 것입니다.”
> -미국의 영화감독 폴 핸더슨Paul Anderson

DATE

26일 밤

오늘 나는 ________에 잠들고 내일 ________에 일어날 것이다.

크든 작든 오늘 하루 동안 성공적으로 해낸 일을 써봅시다.

오늘 하루에 대한 소감

내일의 아침 습관

완수했나요?

1. ☐
2. ☐
3. ☐
4. ☐
5. ☐

27일 낮

전날 나는 ________에 잠들고 오늘 ________에 일어났다.

오늘의 가장 중요한 것

오늘 내가 특별히 관심을 가지고 돌봐야 할 사람은 누구인가요?

28일: 성공 사례

『나의 아침 사용설명서』 사용자 카렌 N.

아침 습관을 바꾸기로 했을 때 카렌의 가장 큰 목표는 다음과 같았습니다.

"하고 싶은 것을 적은 목록이 너무도 긴데, 그걸 다 하지도 못할 것 같은 느낌이 들었어요. 저는 힘든 유년 시절을 보내면서 트라우마로 인한 스트레스를 많이 받았어요. 뭔가를 시작하면 끝까지 해내지를 못했죠. 그런 식으로 성인이 될 때까지 자기혐오를 쌓았습니다. 그러던 중 만난 『나의 아침 사용설명서』는 믿을 만한 도구지만 이걸 '완벽하게' 해내야 한다는 강박에서 벗어나는 게 필요해요. 이 책은 스스로에 대한 기대가 완벽할 필요가 없다는 걸 알려줍니다."

카렌은 『나의 아침 사용설명서』를 이용하는 독자들에게 제안합니다.

"저처럼 정신질환이나 우울증, 약물 남용으로 고통 받은 적 있거나 회복하기 어려운 사람이라면 지금 진행하고 있는 치료 프로그램에 이 『나의 아침 사용설명서』 실천법을 적용시켜 보세요. 저는 정기적으로 일을 하지 않기 때문에 집에 있는 날에 한해서 일주일에 4일만 이 책을 활용합니다. 다른 사람은 일하는 날만 사용하거나 일을 하지 않는 날만 사용해도 될 거예요. 물론 일주일 내내 사용해도 되고요. 중요한 건 정해진 방법이 없다는 것, 자신의 라이프스타일에 맞춰서 사용하는 거예요. 자기에게 맞다면 모든 방식이 정답입니다. 발전하는 한 실패란 존재하지 않아요. 자신에게 맞고 자신이 원하는 구체적인 목적에 맞게끔 『나의 아침 사용설명서』를 활용하고 시작해 보세요!"

DATE

27일 밤

오늘 나는 ________에 잠들고 내일 ________에 일어날 것이다.

살면서 지금까지 잘 활용하고 있는 삶의 기술이 있다면?

오늘 하루에 대한 소감

내일의 아침 습관

완수했나요?

1. ________ ☐
2. ________ ☐
3. ________ ☐
4. ________ ☐
5. ________ ☐

28일 낮

전날 나는 ________에 잠들고 오늘 ________에 일어났다.

오늘의 가장 중요한 것

내가 가장 완벽한 상태였다면, 오늘의 행동 중 무엇이 바뀌었을까요?

29일: 확언

1. 방해받지 않고 혼자 있을 수 있는 편안한 장소를 정합니다. 혼자만의 공간을 찾지 못한다면, 아래의 확언을 산 정상에서 크게 소리친다는 상상을 하면서 머릿속으로 행합니다.
2. 활력이 넘친다고 여겼던 순간, 세상 무서울 게 없던 때를 떠올리세요. 그 순간 드는 온갖 감정을 활용해 지금의 당신에게 적용시켜 봅니다. 그때 당신은 어떤 기분이 들었나요? 기운이 넘치고, 아무도 날 막을 수 없을 것 같고, 믿을 수 없이 강력한 존재 같았나요? 지금 그 기분을 느껴봅시다!
3. 그 강렬함을 열 배로 강화시켜 봅시다. 열정적으로 아래와 같이 말해봅시다.

"아무리 힘들어도 매일 아침 계획했던 시간에 정확히 일어날 거야.
알람 소리를 듣는 순간 에너지와 의욕이 가득한 상태로 잠에서 깰 거야."
"계획했던 대로 일어나고 아침 습관을 시작하면서,
나는 아침을 정복하고 싶어 하는 다른 사람들에게 멋진 사례가 되고
영감을 불러일으킬 거야."

한 번 더 반복합니다.

> "어릴 때는 밤 시간을 사랑했지만 나이가 들수록 아침 시간에 보물 같은 희망, 즐거움을 느낍니다."
> - 테리 기예모츠 Terri Guillemots

DATE

28일 밤

오늘 나는 ________에 잠들고 내일 ________에 일어날 것이다.

오늘 한 일 중 긍정적 사고로 이어지는 행동을 하나 꼽는다면?

오늘 하루에 대한 소감

내일의 아침 습관

완수했나요?

1. ☐
2. ☐
3. ☐
4. ☐
5. ☐

29일 낮

전날 나는 ________에 잠들고 오늘 ________에 일어났다.

오늘의 가장 중요한 것

나에게 스트레스를 주는 일은 무언가요?
스트레스에 잘 대처하는 방법에는 무엇이 있을까요?

30일: 공략 팁

자신이 원하는 기상 시간을 적어봅시다.

자신이 원하는 기상 시간을 적는 게 어떤 효과가 있을지 궁금할 것입니다. 원하는 바를 손으로 적으면서 원하는 기상 시간이 현실적이고 실천 가능한 것으로 여겨집니다. 그저 마음속으로 떠올리고 되뇌는 것보다 눈으로 확인 가능하게 목표를 실체화함으로써 물리적인 기대치를 설정하는 것이죠. 그러면 이를 어기기는 더 힘들게 되죠.

잠들기 전에 다음 날 일어나기를 원하는 시간을 적으면서 우리는 그 목표를 내재화하게 됩니다. 마음가짐도 바뀌고요. 전날 밤, 그저 종이 위에 "나는 몇 시에 일어나고 싶다"고 쓰고 빈칸을 채우는 걸로 끝입니다. 그게 5시든, 8시든, 아니면 11시든 상관없습니다. 일단 쓰세요. 그 숫자는 당신의 뇌에 새겨질 것입니다. 이 단순한 행위로 마음가짐이 달라집니다.

> "나는 보통 5시에서 5시 15분 사이에 일어납니다. 원래 많이 자지 않고 평생 그래 왔습니다. 더 자기에는 인생이 너무 흥미로운 걸요!"
>
> - 스타벅스 CEO 하워드 슐츠 Howard Schultz

DATE

29일 밤

오늘 나는 ________에 잠들고 내일 ________에 일어날 것이다.

친한 친구가 오늘 내 일상을 본다면 뭐라고 말할까요?

____

____

오늘 하루에 대한 소감

____

____

내일의 아침 습관

완수했나요?

1. ______________________ ☐
2. ______________________ ☐
3. ______________________ ☐
4. ______________________ ☐
5. ______________________ ☐

30일 낮

전날 나는 ________에 잠들고 오늘 ________에 일어났다.

오늘의 가장 중요한 것

____

내 인생에서 핑계가 없었다면 무엇이 달라졌을까요?

____

____

31일: 오늘의 챌린지

목표: '온'과 '오프' 사이에도 습관을 형성합니다.

앞서 말했듯, 목표를 이루지 못하거나 아침 습관에 실패하는 날은 당연히 있기 마련이고 아주 흔한 일입니다. 실패한 날이라고 생각하지 말고 습관을 재형성하고 되돌아보는 날로 인식해야 합니다. 그리고 바로 그 순간, 마법 같은 일이 일어날 겁니다.

분명 어떤 목표에 계속 실패한다면 그 목표는 잘 맞지 않다는 걸 의미할 수 있습니다. 이를테면 무리해서 아침 5시에 일어나는 것과 같은 목표 말이죠. 지금 목표를 바꿔도 되고 언제든 원할 때 다시 그 습관을 시도해 볼 수 있습니다.

그것이 이 책의 장점입니다. 언제든지 원하는 아침 습관을 시도하고 시작할지를 스스로 정할 수 있지요. 만약 또 실패한다면, 장기적인 관점에서 되돌아가 다른 방법들을 다시 시도해 봅니다.

☐ **나는 오늘의 챌린지를 완수했습니다.**

"오늘을 이전의 당신을 버리고, 새로운 당신이 되는 첫날로 삼으십시오."
- 『미라클 모닝』 저자 할 엘로드

30일 밤

오늘 나는 ________에 잠들고 내일 ________에 일어날 것이다.

내가 크게 의미를 두지 않았던 나의 장점은 무엇인가요?

오늘 하루에 대한 소감

내일의 아침 습관

완수했나요?

1. ☐
2. ☐
3. ☐
4. ☐
5. ☐

31일 낮

전날 나는 ________에 잠들고 오늘 ________에 일어났다.

오늘의 가장 중요한 것

내가 진정으로 행복해질 수 없는 장소를 하나 꼽는다면?

32일: 성공 사례

월트디즈니컴퍼니 CEO, 밥 아이거

밥 아이거Bob Iger는 매일 아침 4시 30분에 기상합니다. 그는 신문 읽기나 아침 운동, 음악 듣기, 이메일 체크하기, 텔레비전 보기 등 여러 가지 일을 동시에 하는 것을 즐기므로 조용한 시간을 선호합니다. 그래서 해가 뜨기 전에 멀티태스킹으로 많은 일들을 처리합니다.

그는 회사에서 멋진 영화들을 만들어내기 위해서는 자신이 일찍 일어나야 한다고 말합니다. 5시에는 체육관에 출발하고, 6시에는 사무실로 출근합니다. 아이거에게 있어 그 시간은 배터리를 충전하거나 마음을 정화하는 시간입니다.

"나는 일주일 중 하루도 거르지 않고 아침 4시 30분에 일어납니다. 세계 어느 곳에 있더라도 말이죠."

아침 시간에 아이거는 많은 일을 합니다. 가장 인상적인 부분은 그가 여행이나 출장 중에도 4시 30분에 일어나는 원칙을 고수한다는 점입니다. 이렇듯 스스로의 원칙을 지켜가는 모습에서 그가 어떻게 거대하면서도 멋진 회사를 운영해 나가는지를 알 수 있습니다.

> "아침에 생각하고, 오후에 이를 실행하며, 저녁에 먹고, 밤에는 잠에 드는 게 좋다."
> - 영국의 시인이자 화가 윌리엄 블레이크William Blake

1

2

DATE

31일 밤

오늘 나는 ________에 잠들고 내일 ________에 일어날 것이다.

오늘 나는 누군가의 삶에 어떤 긍정적인 영향을 미쳤나요?

오늘 하루에 대한 소감

(3일 동안의 추천 챌린지: 하루 3분씩 명상을 해봅시다.)

내일의 아침 습관

완수했나요?

1. ________ ☐
2. ________ ☐
3. ________ ☐
4. ________ ☐
5. ________ ☐

32일 낮

전날 나는 ________에 잠들고 오늘 ________에 일어났다.

오늘의 가장 중요한 것

삶의 방향을 배우고 싶은 콘텐츠 크리에이터나 작가를 한 명 꼽는다면?

33일: 확언

1. 방해받지 않고 혼자 있을 수 있는 편안한 장소를 정합니다. 혼자만의 공간을 찾지 못한다면, 아래의 확언을 산 정상에서 크게 소리친다는 상상을 하면서 머릿속으로 행합니다.
2. 활력이 넘친다고 여겼던 순간, 세상 무서울 게 없던 때를 떠올리세요. 그 순간 드는 온갖 감정을 활용해 지금의 당신에게 적용시켜 봅니다. 그때 당신은 어떤 기분이 들었나요? 기운이 넘치고, 아무도 날 막을 수 없을 것 같고, 믿을 수 없이 강력한 존재 같았나요? 지금 그 기분을 느껴봅시다!
3. 그 강렬함을 열 배로 강화시켜 봅시다. 열정적으로 아래와 같이 말해봅시다.

“제시간에 기상하는 것은 가장 중요한 일이며,
인생을 바꿀 수 있는 일들을 아침 일찍 시작할 수 있다는 뜻이다.
중요한 일을 일찍 시작해서 남은 하루를 긍정적인 에너지로 채워나갈 것이다.”
“이 모든 일들은 매일을 명확하고 평안하게 채우고,
남은 내 인생을 주도할 수 있는 힘이 될 것이다.”

한 번 더 반복합니다.

> “일찍 깨어남으로써 인생의 좀 더 많은 시간을 제대로 살아갈 수 있다.”
> - 익명

1
2

DATE ________

32일 밤

오늘 나는 ________에 잠들고 내일 ________에 일어날 것이다.

오늘 내가 한 일 중 미래에 긍정적인 영향을 미칠 것 같은 일을 꼽아보자면?

오늘 하루에 대한 소감

내일의 아침 습관

완수했나요?

1. ________ ☐
2. ________ ☐
3. ________ ☐
4. ________ ☐
5. ________ ☐

33일 낮

전날 나는 ________에 잠들고 오늘 ________에 일어났다.

오늘의 가장 중요한 것

**하루 중 가장 집중하고 싶은 시간은 언제인가요?
그 시간을 어떻게 보내고 싶나요?**

34일: 성공 사례

패트론 사의 공동 창업자, 존 폴 디조리아

유명한 양조 브랜드인 패트론Patron 사의 존 폴 디조리아John Paul Dejoria는 매일, 어떤 상황이건 어디에 있건 "지금, 여기"에 대한 5분 동안의 명상으로 하루를 시작합니다. 그리고 그 시간 동안 주어진 모든 것에 감사하는 시간을 보냅니다.

감사의 시간을 보내자마자, 그날의 일정을 확인하고 중요한 전화와 미팅을 점검하는 것으로 본격적인 일과를 시작합니다. 그는 놀랍게도 "이메일을 사용하지 않는다"고 하는데요, 그 이유는 다음과 같습니다. "물론 내가 좀 구식이라는 건 인정합니다. 하지만 꼭 필요한 일이라면 이메일 없이도 진행되더군요. 이메일을 하지 않음으로써 정말로 중요한 것에 집중할 수 있습니다."

우리도 아침 습관에 감사하는 시간을 가지거나 뭔가를 쓰는 시간을 포함하는 건 어떨까요? 아니면 매일 시간을 쓰는 일상적인 업무들의 순서를 정하고 정리하는 데 시간을 할애하는 것도 좋겠습니다.

"동트기 직전의 시간은 하루 중 가장 에너지가 가득한 시간입니다. 이 시간을 활용해 남들보다 일찍 일어나고 일찍 나를 실천하는 사람이 될 수 있었습니다. 이미 동이 튼 다음 눈을 뜬 날이면, 마치 세상이 나를 남겨두고 먼저 출발한 듯한 기분이 들었지요."

- 미국의 편집자 테리 길리멧Terri Guillements

DATE ____________

33일 밤

오늘 나는 ________에 잠들고 내일 ________에 일어날 것이다.

오늘 사람들에게 받은 정서적 반응 중 자랑스러웠던 것은?

____

____

오늘 하루에 대한 소감

____

____

내일의 아침 습관

완수했나요?

1. ____________________ ☐
2. ____________________ ☐
3. ____________________ ☐
4. ____________________ ☐
5. ____________________ ☐

34일 낮

전날 나는 ________에 잠들고 오늘 ________에 일어났다.

오늘의 가장 중요한 것

____

가장 최근 결심을 어겼던 순간은 언제입니까? 또 이런 일이 반복되지 않으려면 어떻게 해야 할까요?

____

____

35일: 오늘의 챌린지

목표: 스스로 생각하는 가장 완벽한 이미지를 그려봅시다.

우리는 대체로 완벽한 이상에 맞춰 스스로를 평가하고 조금이라도 거기서 벗어나면 괴로워하고 고군분투합니다. 이는 스스로를 불행과 자책의 순환 고리에 빠지게 만들고, 무기력으로 빠지게 하는 끔찍한 행위입니다.

이 순환의 고리가 성공하고 행복한 삶을 사는 데 도움이 되는 게 있을까요? 단언컨대 조금도 없습니다. 그러니 그 이미지는 결코 실현될 수 없다는 걸 인정하고 어떤 모습이든 자신 그대로를 사랑하도록 합시다. 그래야 당신의 남은 인생이 더 행복해지리라는 것을 최대한 빨리 깨닫는 게 좋습니다.

행복하지 않다는 느낌이 들 때마다 다음을 따라 하세요.

1. 어떤 부분에서 실수를 했고, 그 결과 무엇이 잘못되었는지를 인정합니다.
2. 이로 인해 무엇을 알게 되었는지를 파악하고, 이를 미래에 적용합시다.
3. 자신을 용서하세요. 그런 다음엔, 다시 한 번 스스로를 용서하세요.
4. 지금의 자신 그대로를 사랑하세요.
5. 이제 당신은 앞을 향해, 힘껏 나아갈 수 있습니다.
6. 당신이 실수를 50번 반복했다거나, 고치는 데 5년이 걸렸다고 해도 그건 중요치 않습니다. 아무짝에도 소용없는 죄책감, 불필요한 부정적인 감정으로 스스로의 삶을 하찮게 만드는 것이야말로 당신이 패배하는 순간입니다. 우리가 시도하는 이 모든 도전은 삶의 만족도를 높이기 위해서입니다. 그것만이 최우선이라는 점을 잊지 마세요!

☐ 나는 오늘의 챌린지를 완수했습니다.

DATE ____________

34일 밤

오늘 나는 ________에 잠들고 내일 ________에 일어날 것이다.

미래의 꿈이 오늘 하루를 어떻게 바꾸었나요?

____

____

오늘 하루에 대한 소감

____

____

내일의 아침 습관

완수했나요?

1. ____________________ ☐
2. ____________________ ☐
3. ____________________ ☐
4. ____________________ ☐
5. ____________________ ☐

35일 낮

전날 나는 ________에 잠들고 오늘 ________에 일어났다.

오늘의 가장 중요한 것

____

열정적으로 오늘의 목표를 이룰 수 있는 장소는 어디인가요?

____

____

36일: 실천 팁

핸드폰이나 알람시계를 침대에서 먼 곳에 두고 잡니다.

알람시계 혹은 핸드폰을 최대한 침대에서 먼 곳에 두세요. 아침의 가장 중요한 단계 중 하나는 우선 침대에서 나가는 것입니다. 알람을 끄기 위해 일어나는 건 고민이 필요 없을 만큼 간단한 해결책입니다. 아침마다 알람을 끄기 위해 핸드폰이 있는 쪽으로 간 다음에는, 절대 침대로 돌아가서는 안 됩니다. 계속 움직이고, 욕실로 가서 양치를 하든 아침 습관을 시작하세요.

보너스 팁 침대에서 떨어진 곳에 핸드폰을 두는 건 아침 기상을 도와줄 뿐 아니라, 잠들기 전 핸드폰을 보며 시간을 허비하지 않게 도와주는 이중 장치입니다.

> "나는 아침에 늦잠을 자면서 위대해지거나 유명해진 사람을 지금까지 단 한 명도 본 적이 없습니다."
>
> -『걸리버 여행기』의 작가 조나단 스위프트Jonathan Swift

DATE

35일 밤

오늘 나는 ________에 잠들고 내일 ________에 일어날 것이다.

오늘 하루 스스로를 어떻게 사랑하고 보살펴주었나요?

오늘 하루에 대한 소감

내일의 아침 습관

완수했나요?

1. ☐
2. ☐
3. ☐
4. ☐
5. ☐

36일 낮

전날 나는 ________에 잠들고 오늘 ________에 일어났다.

오늘의 가장 중요한 것

더 나은 사람이 되기 위한 작은 노력에는 무엇이 있을까요?

37일: 오늘의 챌린지

목표: 오늘 당신의 행동이 미래에 어떤 영향을 미칠지 생각해 봅니다.

당신의 현재는 과거의 행동이 모인 결과입니다. 마찬가지로, 당신의 미래 역시 정확히 오늘부터 시작할 행동이 모인 결과가 될 것입니다. 당신은 어떤 미래를 그리고 있나요? 성공적인 모습인가요? 그렇다면 지난날 당신이 선택한 행동은 당신이 그리는 미래와 어떻게 연결될까요?

우리는 종종 현재의 자신과 미래의 자신이 다를 것이라 생각하는 오류를 범하곤 합니다. 오늘의 행동을 바꾸지 않고 우리가 기대하는 미래가 마법같이 바뀌리라는 상상을 하는 것이죠. 우리의 뇌는 습관에 따라 반응합니다. 우리의 뇌는 곧 습관입니다. 지금 이 순간 행동해야만 바뀔 수 있습니다. 오늘 내 행동을 바꾸어야만 꿈꾸는 미래가 가능하다는 걸 이해해야 합니다.

☐ 나는 오늘의 챌린지를 완수했습니다.

DATE ____________

36일 밤

오늘 나는 ________에 잠들고 내일 ________에 일어날 것이다.

최근 경험한 일 중 가장 기억에 남는 일을 떠올린다면?

____

____

오늘 하루에 대한 소감

____

____

내일의 아침 습관

완수했나요?

1. ______________________________ ☐
2. ______________________________ ☐
3. ______________________________ ☐
4. ______________________________ ☐
5. ______________________________ ☐

37일 낮

전날 나는 ________에 잠들고 오늘 ________에 일어났다.

오늘의 가장 중요한 것

____

내가 잠재력을 완전히 발휘하는 데 방해가 되는 일은 무엇인가요?

____

____

38일: 공략 팁

아침에는 이메일을 확인하지 마세요!

이메일은 주의를 분산시키고 시간을 낭비하게 합니다.

1. 타인의 반응에 대해 다시 반응해야 하는 속성상, 이메일을 확인하는 시간 동안 자신을 위한 새로운 기회를 만들지 못합니다.
2. 하루 내내 오는 메일을 확인하는 일은 원래 하던 일의 집중을 떨어뜨립니다.
3. 핸드폰을 통해 이메일을 확인하는 일은 특히 더 많은 시간을 소비합니다. 내용을 입력하는 데 더 시간이 걸리고 웹페이지를 빠르게 탐색하기도 어렵습니다.

아침은 창의적인 일을 하기에 더없이 멋진 시간대입니다. 그러니 크게 집중하지 않아도 되는 메일 확인은 아침 이후의 시간으로 미루는 게 어떨까요?

DATE

37일 밤

오늘 나는 ________에 잠들고 내일 ________에 일어날 것이다.

나를 특별한 존재로 만들어주는 남다른 점 하나를 꼽으면?

오늘 하루에 대한 소감

내일의 아침 습관

(3일 동안의 추천 챌린지: 매일 아침 2분 정도 스트레칭을 해보세요.)

	완수했나요?
1.	☐
2.	☐
3.	☐
4.	☐
5.	☐

38일 낮

전날 나는 ________에 잠들고 오늘 ________에 일어났다.

오늘의 가장 중요한 것

개선하고 싶은 약점이 있다면 무엇인가요?

39일: 확언

1. 방해받지 않고 혼자 있을 수 있는 편안한 장소를 정합니다. 혼자만의 공간을 찾지 못한다면, 아래의 확언을 산 정상에서 크게 소리친다는 상상을 하면서 머릿속으로 행합니다.
2. 활력이 넘친다고 여겼던 순간, 세상 무서울 게 없던 때를 떠올리세요. 그 순간 드는 온갖 감정을 활용해 지금의 당신에게 적용시켜 봅니다. 그때 당신은 어떤 기분이 들었나요? 기운이 넘치고, 아무도 날 막을 수 없을 것 같고, 믿을 수 없이 강력한 존재 같았나요? 지금 그 기분을 느껴봅시다!
3. 그 강렬함을 열 배로 강화시켜 봅시다. 열정적으로 아래와 같이 말해봅시다.

"나는 일어나자마자 생산성과 효율, 에너지가 치솟아 오를 거야."
"아침 ________에 일어나서, 중요하고 필요한 일들을 해내고
이는 곧 인생의 목표를 향한 지름길이 될 거야."
"이 목표를 완수하는 일은 내게 가치 있는 일이야. 나는 반드시 이 목표를 정복하겠어."

한 번 더 반복합니다.

> "아무리 상황이 나쁘더라도, 적어도 오늘 아침 눈을 뜬 것만으로도 행복한 일이라는 걸 명심하세요."
> - D. H. 휴즐리 D. L Hugely

DATE

38일 밤

오늘 나는 ________에 잠들고 내일 ________에 일어날 것이다.

오늘 나 자신을 위해 달성해 낸 기술이 있다면?

오늘 하루에 대한 소감

내일의 아침 습관

완수했나요?

1. ☐
2. ☐
3. ☐
4. ☐
5. ☐

39일 낮

전날 나는 ________에 잠들고 오늘 ________에 일어났다.

오늘의 가장 중요한 것

가장 완벽한 상태의 나라면, 오늘 내 행동 중 무엇을 고칠까요?

40일: 실천 팁

전날 밤 잠들면서 다음 날 아침 목적을 명확히 합니다.

다음과 같이 상상해 보세요. 지금은 밤 11시 반이고, 당신은 다음 날 오전 5시에 일어나야 합니다. 고작 5시간 30분 밖에 잘 수 없다는 생각에 아마 괴로울 겁니다. 당신의 불만은 몸과 마음에 전달됩니다. 거기서부터 당신은 불리한 상황에 놓입니다. 수면 시간이 부족하니 이미 피곤하고 녹초가 되기로 마음먹은 거니까요.

그러니, 이렇게 크게 외쳐보세요. 나는 오전 5시에 에너지가 넘치는 상태로 일어날 거야. 5시간 30분은 에너지를 충전하고 몸을 새롭게 하기에 충분한 시간이고, 나는 멋지고 생산적인 하루를 보낼 거야. 5시간 30분 동안 잘 수 있다는 것에 감사하고 이는 근사한 하루를 보내기에 충하지!

이러한 '긍정적인 사고' 접근법이 터무니없이 들리겠지만, 속는 셈치고 딱 하루만 시도해 보세요. 필요에 따라 메시지를 수정해도 좋습니다. 단, 긍정적인 방향으로요. 그렇게 몸과 마음에 좋은 기운을 불어넣고 나면, 다음 날 기분 좋게 일어날 수 있습니다.

"꿈을 잃지 마세요. 스스로에 대한 믿음과 비전, 근면함, 그리고 의지가 있다면 무엇이든 이룰 수 있다는 걸 잊지 마세요. 모든 건 믿음에서 나온다는 걸 기억하세요."
- 미국의 육상선수 게일 디버스 Gail Devers

DATE ______

39일 밤

오늘 나는 ________에 잠들고 내일 ________에 일어날 것이다.

오늘 한 일 중 긍정적 사고로 이어지는 행동을 하나 꼽는다면?

______

______

오늘 하루에 대한 소감

______

______

내일의 아침 습관

완수했나요?

1. ______ ☐
2. ______ ☐
3. ______ ☐
4. ______ ☐
5. ______ ☐

40일 낮

전날 나는 ________에 잠들고 오늘 ________에 일어났다.

오늘의 가장 중요한 것

______

당신에게 스트레스를 주는 일은 무엇이며, 더 나은 대응책은 어떤 게 있을까요?

______

______

41일: 실천 팁

이른 시간에 조명을 끄고 그 시간에 잠드는 걸 전제로 하루 일정을 짭니다.

침대에 누울 시간을 정하는 건 아주 간단하면서도 강력한 장치입니다. 하루가 비교적 단조로운 날, 이를테면 주말보다는 좀 더 규칙적인 주중에 더 효과적이죠. 잠자리에 드는 시간을 정해놓으면 다음과 같은 이점이 있습니다.

1. 잠드는 시간을 기준으로 계획을 점검할 수 있습니다. 하루 중 당신이 일할 시간이 얼마나 남았는지 등.
2. 제시간에 잠들기 위해 언제 잘 준비를 하면 되는지를 알려줍니다.
3. 밤 시간 동안 이것저것 산만하게 시간 낭비하는 걸 방지해 줍니다.
4. 책 읽을 시간을 마련할 수 있습니다. 잠들기 전에 할 수 있는 유일한 일은 독서입니다.
5. 밤을 어떻게 보내느냐는 아침과 직결되므로, 기상 시간을 확실하게 보장합니다.

> "아침에 억지로 끌려나오듯이 침대에서 나오지 말고, 몸과 마음이 새로 태어난다는 기분으로 일어나 햇빛과 공기로 감싸인 선물 같은 하루를 시작하세요. 그저 평범한 또 다른 하루가 아니라, 새로운 기회로 가득한 날로 말이죠."
>
> - 미국의 배우 피비 케이츠Phoebe Kites

40일 밤

오늘 나는 ________에 잠들고 내일 ________에 일어날 것이다.

친한 친구가 오늘 하루 내 일상을 본다면, 뭐라고 말할까요?

오늘 하루에 대한 소감

내일의 아침 습관

완수했나요?

1. ☐
2. ☐
3. ☐
4. ☐
5. ☐

41일 낮

전날 나는 ________에 잠들고 오늘 ________에 일어났다.

오늘의 가장 중요한 것

내 인생에서 핑계가 없었다면 무엇이 달라졌을까요?

42일: 성공 사례

팀쿡, 애플 CEO

애플의 CEO인 팀 쿡Tim Cook은 오전 4시 30분에 일어나 사내 메일을 보내는 걸로 유명합니다. 5시면 그는 이미 체육관에 도착해 있습니다. 게다가 자신이 가장 먼저 사무실에 가고, 가장 늦게까지 남아 있다는 사실을 자랑스러워합니다. 그는 흔히 말하는 에너지 레벨이 높은 타입입니다. 팀 쿡 자신도 일찍 일어나 회사에 가기 전 필요한 일을 미리 끝내는 습관을 성공의 비결로 꼽습니다.

2015년 4월 9일, 그는 오전 5시 31분에 트위터에 다음과 같이 올렸습니다. 아마도 아침 운동을 한 뒤였겠지요. "오늘은 특별히 휴식을 좀 가졌다. 4시 30분까지 잤으니." 세상에, 대단하죠!

> "생각과 말의 힘은 생각보다 큽니다. 스스로에게 하는 매일 아침의 확언은 당신의 마음과 삶을 성공으로 이끌 것입니다."
>
> - 니나 볼리바레스Nina Bolivares

41일 밤

오늘 나는 ________에 잠들고 내일 ________에 일어날 것이다.

내가 크게 의미를 두지 않았던 나의 장점은 무엇인가요?

오늘 하루에 대한 소감

내일의 아침 습관

완수했나요?

1. ☐
2. ☐
3. ☐
4. ☐
5. ☐

42일 낮

전날 나는 ________에 잠들고 오늘 ________에 일어났다.

오늘의 가장 중요한 것

내가 진정으로 행복해질 수 없는 장소를 하나 꼽는다면?

43일: 오늘의 챌린지

목표: 잠재력과 가치를 제한하는 생각을 구분합니다.

우리는 보통 자신의 생각을 스스로와 동일시하곤 합니다. 그런 식의 사고는 무의식적으로 우리가 살면서 겪는 일들의 맥락과 실체를 재구성합니다. 인간은 습관의 동물이며, 자동화기계와 같습니다. 인생을 살아가면서 우리는 직면한 문제와 과거의 경험 간의 연결고리를 만들고, 이를 끝없이 마주합니다.

문제는 이것입니다. 생각의 흐름 속에서 이 연결고리는 현재의 사고회로가 아닌, 과거의 경험에 근거한 연결고리를 만들고, 우리 삶의 문제에 타성적인 판단을 내리게 되죠.

긍정적인 변화를 위해서는 이런 타성적이고 수동적인 사고에서 벗어나야 합니다. 우리의 생각이 실제로는 정확한 사고를 거치지 않는다는 걸 인식하기만 해도 이전의 자신과는 다른 방식으로 생각할 수 있습니다.

처음의 반응이나 생각이 더 나아질 수 있다는 걸 인식하는 게 중요합니다. 처음 떠오른 생각을 인정하되, 정말 원하는 것이 무엇인지를 생각하면서 방향을 틀어봅시다.

☐ 나는 오늘의 챌린지를 완수했습니다.

> "인간은 누구나 자신이 원하는 순간 자유로워질 수 있다."
> - 볼테르Voltaire

DATE

42일 밤

오늘 나는 ________에 잠들고 내일 ________에 일어날 것이다.

오늘 누군가에게 어떤 식으로 긍정적인 영향을 미쳤나요?

오늘 하루에 대한 소감

내일의 아침 습관

완수했나요?

1. ☐
2. ☐
3. ☐
4. ☐
5. ☐

43일 낮

전날 나는 ________에 잠들고 오늘 ________에 일어났다.

오늘의 가장 중요한 것

더 나은 사람이 되기 위해 할 수 있는 작은 일을 하나 꼽는다면?

44일: 성공 사례

리처드 브랜슨, 버진 그룹 창립자

리처드 브랜슨Richard Branson은 매일 오전 5시 45분에 기상합니다. 자기 소유의 섬에서 지낼 때도, 그는 커튼을 치지 않고 해가 뜨는 걸 느끼려 했습니다. 심지어 그의 블로그 제목은 "내가 일찍 일어나는 이유"입니다. 브랜슨은 아침에 카이트서핑이나 수영, 혹은 테니스 등의 운동을 하며 에너지 레벨을 올리고 엔도르핀을 느낍니다.

"저는 평생 일찍 일어났어요. 외모를 깔끔하게 가꾸고 체중을 관리하는 것과 마찬가지로, 일찍 일어나는 습관은 평생 가꿔야 할 자기관리입니다. 지난 50년간 사업을 하면서 일찍 일어나면 남은 하루, 그리고 남은 인생에서 훨씬 많은 걸 성취할 수 있다는 걸 실감했습니다. 아침에 일찍 일어나서 운동을 하고, 가족들과 시간을 보내고 그런 다음에는 훨씬 더 좋은 마음가짐으로 업무에 착수할 수 있었으니까요."

브랜든은 아침 운동이 하루에 4시간 정도의 생산성을 주는 효과가 있다고 하네요. 아직 습관을 만들지 않았다면 아침 습관에 운동을 넣어보는 것도 좋겠습니다.

> "성공할 수 있는 한 가지 비밀을 알려드리죠. 바로 대부분의 사람들이 아침을 먹을 시간에 점심을 먹는 겁니다."
>
> - 미국의 테너 가수 로버트 브롤트Robert Brault

DATE

43일 밤

오늘 나는 ________에 잠들고 내일 ________에 일어날 것이다.

오늘 내가 한 일 중 미래에 긍정적인 영향을 미칠 수 있는 일을 꼽아보자면?

____

오늘 하루에 대한 소감

____

____

내일의 아침 습관

(추천 3일 챌린지: 좋아했던 책의 첫 챕터를 다시 읽어봅시다.)

	완수했나요?
1. ________	☐
2. ________	☐
3. ________	☐
4. ________	☐
5. ________	☐

44일 낮

전날 나는 ________에 잠들고 오늘 ________에 일어났다.

오늘의 가장 중요한 것

____

오늘 하루 중 가장 집중하고 싶은 순간을 꼽으면 언제인가요? 그 시간을 어떻게 보내고 싶나요?

____

45일: 실천 팁

아침 습관을 마무리하기 전까지는 핸드폰을 보지 마세요.

몸을 씻고, 옷을 입고, 단장을 끝내기 전에는 핸드폰을 켜거나 비행기 모드를 해제하지 마세요. 아마 하루를 제대로 시작하기보다 잠옷이나 목욕가운을 입은 채 핸드폰을 만지작거리며 빈둥대고 싶은 마음이 굴뚝같겠죠. 그러면 소중한 아침 시간을 낭비할 뿐 아니라 핸드폰이 스트레스를 준다는 걸 알 수 있습니다. 핸드폰은 곧 외부와의 통로입니다. 또한 일, 소셜미디어로 향하는 통로이기도 하며 그 통로로는 많은 불안이 흘러 들어옵니다.

꼭 필요한 때가 아니면 가능한 한 아침 시간에는 핸드폰을 보며 빈둥대지 않으려 노력해 보세요. 결과는 놀라울 겁니다! 잠들기 전 핸드폰을 비행기 모드로 해놓고 아침 습관을 끝내기 전까지 손을 대지 않는다면 성공을 향한 출발점에 선 것과 다름없습니다.

> "매일 아침 아프리카의 가젤이 기상합니다. 가젤은 가장 빠른 사자보다 더 빨리 뛰지 않으면 죽으리라는 걸 압니다. 매일 사자도 기상합니다. 사자는 제일 느린 가젤보다 빨리 뛰어야 굶어죽지 않으리라는 걸 알죠. 당신이 사자건, 가젤이건, 아침 해가 뜨면 일어나 뛰어야 하는 건 똑같습니다."
>
> - 익명

DATE

44일 밤

오늘 나는 ________에 잠들고 내일 ________에 일어날 것이다.

삶의 목표가 오늘 하루를 어떻게 바꾸었나요?

오늘 하루에 대한 소감

내일의 아침 습관

완수했나요?

1. ☐
2. ☐
3. ☐
4. ☐
5. ☐

45일 낮

전날 나는 ________에 잠들고 오늘 ________에 일어났다.

오늘의 가장 중요한 것

더 열정적으로 오늘의 목표를 이룰 수 있는 장소는 어디인가요?

46일: 확언

1. 방해받지 않고 혼자 있을 수 있는 편안한 장소를 정합니다. 혼자만의 공간을 찾지 못한다면, 아래의 확언을 산 정상에서 크게 소리친다는 상상을 하면서 머릿속으로 행합니다.
2. 활력이 넘친다고 여겼던 순간, 세상 무서울 게 없던 때를 떠올리세요. 그 순간 드는 온갖 감정을 활용해 지금의 당신에게 적용시켜 봅니다. 그때 당신은 어떤 기분이 들었나요? 기운이 넘치고, 아무도 날 막을 수 없을 것 같고, 믿을 수 없이 강력한 존재 같았나요? 지금 그 기분을 느껴봅시다!
3. 그 강렬함을 열 배로 강화시켜 봅시다. 열정적으로 아래와 같이 말해봅시다.

"내가 정한 시간에 일어나는 일은 점점 힘들지 않을 거야.
이제 알람이 울리자마자 바로 일어날 거야.
나는 매일매일을 충실히 보내고, 나에게 가장 좋은 시간에 일어날 거야."
"밤에 주의를 산만하게 하는 요소를 최소화하고,
시간을 낭비하는 어플리케이션이나 게임을 그만두고,
성공을 향한 첫 발걸음을 떼는 거야!

한 번 더 반복합니다.

> "내게 행복의 정의는 스스로의 경험을 만들어내고, 지금 주어진 조건에서 즐기기를 선택하는 것입니다. 상황에 상관없이, 될 수 있는 최고의 내가 되기를 선택하는 거죠."
> - 『루틴의 힘』 작가 리오 바바우타Leo Babauta

DATE

45일 밤

오늘 나는 ________에 잠들고 내일 ________에 일어날 것이다.

오늘 하루를 성공적으로 보낸다면 미래의 내 모습은 어떨지 상상해 봅시다.

오늘 하루에 대한 소감

내일의 아침 습관

완수했나요?

1. ☐
2. ☐
3. ☐
4. ☐
5. ☐

46일 낮

전날 나는 ________에 잠들고 오늘 ________에 일어났다.

오늘의 가장 중요한 것

나를 발전시킬 수 있는 사소한 방법을 하나 꼽는다면?

47일: 오늘의 챌린지

목표: 아침 기분이나 에너지 레벨과 상관없이 행동이 하루를 정합니다.

일부 아침형 인간들은 매일 아침 에너지가 가득 충전된 상태로 하루를 보낼 준비가 되어 있습니다. 하지만 대다수의 평범한 사람들은 피곤한 상태로 잠에서 깨죠. 사실 아침을 지배하는 사람들은 피곤함을 느끼지 않는게 아니라, 피곤한 와중에도 에너지를 채우기 위해 적극적인 행동을 취하는 사람들입니다. 이들은 더 빠르고 활기 있게 움직여 체내에서 에너지를 만들어냅니다.

행동이 아닌 심리적인 방법으로 에너지 레벨을 바꾸기란 어렵습니다. 침대에서 나와야 하는 이유에 대해 동기 부여를 하기보다는 그저 침대 밖으로 튀어나가 움직이는 실질적인 행동이 훨씬 효과적입니다. 요약하자면 다음과 같습니다.

1. 마음가짐은 행동을 통해 변합니다.
2. 행동은 통제할 수 있습니다. 반면 생각은 통제하기가 어렵습니다.
3. 그러니 현재 감정 상태가 어떤가에 신경 쓰기보다는 그저 해야 할 행동을 하세요. 그러면 감정은 자연스럽게 행동에 따라올 테니까요.

☐ 나는 오늘의 챌린지를 완수했습니다.

> "인생은 너무 짧아요. 시간이 더 많으면 좋겠는데." 여자의 말에 남자는 천천히 고개를 끄덕이며 답했다. "그래요? 그럼 조금 더 일찍 일어나면 되겠네요."
> - 유명 트위터리언 닥터 선울프(Dr. SunWolf @WordWhispers)

DATE

46일 밤

오늘 나는 ________에 잠들고 내일 ________에 일어날 것이다.

최근 경험한 일 중 가장 기억에 남는 일을 떠올린다면?

오늘 하루에 대한 소감

내일의 아침 습관

완수했나요?

1. ☐
2. ☐
3. ☐
4. ☐
5. ☐

47일 낮

전날 나는 ________에 잠들고 오늘 ________에 일어났다.

오늘의 가장 중요한 것

내가 잠재력을 발휘하는 데 방해가 되는 일 한 가지는?

48일: 실천 팁

아침의 찬물 샤워로 오늘 하루에 시동을 걸어봅시다.

차가운 물로 샤워하는 건 귀찮은 아침 습관 중 하나입니다. 하지만 그 단계를 거치고 나면, 그 뒤의 일은 일사천리로 해낼 수 있을 걸요! 찬물 샤워의 장점은 다음과 같습니다.

1. 건강에 이점이 있습니다. 심혈관에 놀랄 만한 효과가 있습니다.
2. 물리적으로 신체에 충격을 줘서 잠에서 깨우고 에너지를 느끼게 합니다. 특히 아침의 찬물 샤워는 급속 충전의 효과가 있습니다.
3. 스스로 무엇이든 해낼 수 있는 전사처럼 느끼게 해줍니다.
4. 다른 습관 형성으로 이어질 수 있는 훈련 효과가 있습니다.

차가운 샤워에 익숙해지는 것 쉽지 않은 도전입니다. 우선은 뜨거운 물로 시작하고, 점차 2~5%씩 온도를 낮춰봅시다. 시간이 지날수록 뜨거운 물보다 차가운 물로 샤워하는 게 좋아지고, 그게 아니라도 중간 정도에 적응하게 됩니다. 마지막에 30초 정도는 차가운 물로 마무리하면 됩니다.

추가 옵션 방수 기능이 있는 스피커를 활용하면 샤워 시간이 훨씬 즐거워집니다. 차가운 물을 맞으며 춤을 추는 건 아주 효과적입니다. 인터넷 쇼핑몰에서 저렴한 방수 스피커를 구입해 보세요.

> "생각과 말의 힘은 생각보다 큽니다. 매일 아침의 확언은 당신의 마음과 삶을 말하는 쪽으로 끌고 갈 것입니다. 성공, 승리, 행복, 축복과 같은 단어들을 소리 내어 말하면 그게 곧 당신의 운명이 될 거예요."
>
> - 니나 볼리바레스Nina Bolivares

1

2

DATE

47일 밤

오늘 나는 ________에 잠들고 내일 ________에 일어날 것이다.

나를 특별한 존재로 만들어주는 남다른 점 하나를 꼽으면?

오늘 하루에 대한 소감

내일의 아침 습관

(추천 3일 챌린지: 음악을 들으며 2블럭 정도를 산책합시다.)

완수했나요?

1. ☐
2. ☐
3. ☐
4. ☐
5. ☐

48일 낮

전날 나는 ________에 잠들고 오늘 ________에 일어났다.

오늘의 가장 중요한 것

살면서 바꾸고 싶은 내 약점은 무엇인가요?

49일: 성공 사례

앤드류 테일러, 『나의 아침 사용설명서』 사용자

앤드류가 아침 습관을 바꾸면서 가장 힘들었던 챌린지

"저에게 가장 큰 문제는 일과 개인적 삶에서 비교우위를 정하는 것, 그리고 일과 생활이 불규칙적이라는 것이었습니다. 해결책은 아침 습관을 여러 개로 나누어 요일마다 다른 일정을 적용하는 것이었어요. 물론 일어나는 시간은 동일하게 유지하면서요. 일 때문에 출장을 갈 때면 이를 지키기가 어려웠지만, 아침 습관을 모두 해내지 못하더라도 최소한 일부는 실천에 옮기려고 노력했습니다. 어디에 있든요."

앤드류가 지키고자 하는 한 가지 마음가짐

"살면서 겪은 일 중 가장 힘들었던 순간마저 교훈의 기회로 삼을 수 있습니다. 마음을 바꾸면 그 시간은 성장의 기회가 될 거예요. 사실 커리어나 개인적으로 가장 힘들었던 일이 저에게 성장의 계기가 되었고, 변화 또한 제일 오래 지속되었죠."

이 책을 사용하는 다른 사람들에게 말합니다

"정말 중요한 목표 한 가지를 정하고 거기에 관심을 집중하세요. 그다음에는 그 목표를 세부적인 것으로 나누어 아침 동안 완수하는 방법을 고안해 보는 겁니다. 이 방식이 가져올 엄청난 변화에 아마 깜짝 놀랄 거예요."

> "상냥한 것보다 강한 것은 없습니다. 진정한 강함이야말로 그 무엇보다 상냥한 것입니다."
>
> - 성 프란치스코 살레시오 Sanctus Franciscus Salesius

1

2

DATE ____

48일 밤

오늘 나는 ______에 잠들고 내일 ______에 일어날 것이다.

크든 작든 오늘 하루 동안 내가 성공적으로 해낸 일을 써봅시다.

____

____

오늘 하루에 대한 소감

____

____

내일의 아침 습관

완수했나요?

1. ____ ☐
2. ____ ☐
3. ____ ☐
4. ____ ☐
5. ____ ☐

49일 낮

전날 나는 ______에 잠들고 오늘 ______에 일어났다.

오늘의 가장 중요한 것

____

오늘 내가 특별히 관심을 가지고 돌봐야 할 사람은 누구인가요?

____

____

50일: 일일 챌린지

목표: 쉬운 것부터 어려운 것까지 아침 습관을 적고 순서대로 실행해 봅시다.

하루에 해야 할 일의 리스트를 파악한 뒤 이를 순서에 따라 실행하는 것은 아주 효율적인 방식입니다. 일의 순서가 실제로는 중요치 않아도, 부담 없는 일을 앞쪽으로 배치하고 하기 힘든 것을 마지막에 배치해 보세요.

순서대로 습관을 실행해 나가면서 성취감을 극대화할 수 있습니다. 작은 성취의 기쁨이 쌓이며 선순환의 연쇄 고리를 만들어내 끝까지 완주해 낼 수 있는 힘을 줄 거예요. 쉬운 것부터 어려운 것으로 옮겨가는 과정에서 얻은 만족과 자신감은 습관을 만들어가는 것을 도와줍니다.

이 과정을 통해 역설적으로 습관이 자유를 준다는 걸 깨달을 수 있습니다. 삶에서 꼭 필요한 것을 습관적으로 해결하면서 시간적 여유와 다음 단계로 나아갈 수 있는 의지력을 선사해 줄 것입니다.

☐ **나는 오늘의 챌린지를 완수했습니다.**

> "아침마다 여유로운 시간을 가지며 나 자신을 보살피고, 스스로에게 관심을 가지기 시작하면서 스트레스를 관리하고 계속 일을 해나갈 능력과 상황에 대한 판단력, 실행력을 키워나갈 수 있었습니다."
>
> - 아이스테 가즈다 Aiste Gazdar

1

2

DATE ____

49일 밤

오늘 나는 ________에 잠들고 내일 ________에 일어날 것이다.

내가 가진 습관이나 기술 중 오늘 도움이 되었던 것이 있다면 무엇일까요?

____

오늘 하루에 대한 소감

____

____

내일의 아침 습관

완수했나요?

1. ____ ☐
2. ____ ☐
3. ____ ☐
4. ____ ☐
5. ____ ☐

50일 낮

전날 나는 ________에 잠들고 오늘 ________에 일어났다.

오늘의 가장 중요한 것

____

오늘 가장 완벽한 상태였다면, 내 행동 중 무엇이 바뀌었을까요?

____

51일: 실천 팁

건강한 식습관을 가집니다.

오늘 무얼 먹을지, 까다로운 일을 시작할지 아니면 뒤로 미룰지, 내면의 스트레스를 인지하고 해소할지 아니면 저절로 없어지게 둘 것인지와 같은 결정은 모두 당신의 미래에 유기적인 영향을 미칩니다.

이 작은 결심은 일련의 연쇄 고리를 만들어 우리를 지배합니다. 몸에 나쁜 음식을 과식하면 둔해지고 생산성이 떨어지며, 자신의 행동을 주도하는 데도 나쁜 영향을 미칩니다. 결국에는 여러 문제들을 일으키고 이를 수습하느라 다른 일을 하는 데 써야 할 소중한 시간마저 허비하게 됩니다. 결국 나쁜 선택이 불러일으킨 스트레스와 죄책감은 다시 한 번 잘못된 선택을 만들고 악순환의 고리를 만들어냅니다.

그러니 일상적이고 사소한 결정을 내릴 때도 이 연쇄 효과를 늘 염두에 두세요. 지금의 선택이 가져올 미래의 모습을 잊지 마세요. 지금의 잘못된 선택은 미래의 당신을 괴롭히는 것과 다름없습니다. 먼 미래가 아니라 단 몇 시간 뒤의 당신에게라도 말이죠.

"새로운 날이 시작되는 것이 곧 새로운 출발이라 생각해 기쁩니다. 어쩌면 아침 이후에 마법같이 멋진 뭔가가 저를 기다리고 있을지 모른다는 생각이 들거든요."

- 영국의 극작가 B. 프리스틀리B. Priestley

DATE

50일 밤

오늘 나는 ________에 잠들고 내일 ________에 일어날 것이다.

오늘의 일 중 긍정적 사고로 이어지는 행동을 하나 꼽는다면?

오늘 하루에 대한 소감

내일의 아침 습관

완수했나요?

1. ☐
2. ☐
3. ☐
4. ☐
5. ☐

51일 낮

전날 나는 ________에 잠들고 오늘 ________에 일어났다.

오늘의 가장 중요한 것

당신에게 스트레스를 주는 일은 무엇이며, 더 나은 대응책은 어떤 게 있을까요?

52일: 유튜브 채널

로빈 샤르마

로빈 샤르마Robin Sharma는 사람들이 원하는 모습으로 변할 수 있게 도와주는 유명 연설가이자 베스트셀러 작가입니다. 그는 리더십 분야의 전문가이기도 합니다. 그는 전 세계 사람들에게 성찰을 주는 사람입니다. 아래의 주소를 검색해 보물 같은 정보가 담긴 그의 동영상을 살펴보세요!

그는 일찍 일어나기, 명상, 의지력 향상, 미루는 습관 고치기, 일상에서 진정한 행복을 느끼기와 같은 주제를 다룹니다. 특히 추천하는 동영상은 '일찍 일어나는 법How to Wake Up Early'입니다. 그의 채널을 구독해 보세요.

www.youtube.com/user/sharmaleadership

> "당신의 미래가 궁금한가요? 비밀은 매일의 습관에 숨겨져 있습니다."
> - <스쿨 오브 위즈덤>의 진행자 마이크 머독Mike Murdock

DATE ____________

51일 밤

오늘 나는 ________에 잠들고 내일 ________에 일어날 것이다.

친한 친구가 오늘 내 일상을 본다면, 뭐라고 말할까요?

____

____

오늘 하루에 대한 소감

____

____

내일의 아침 습관

완수했나요?

1. ______________________________ ☐
2. ______________________________ ☐
3. ______________________________ ☐
4. ______________________________ ☐
5. ______________________________ ☐

52일 낮

전날 나는 ________에 잠들고 오늘 ________에 일어났다.

오늘의 가장 중요한 것

____

내 인생에서 핑계가 없었다면 무엇이 달라졌을까요?

____

____

53일: 성공 사례

오프라 윈프리, OWN 설립자이자 미디어 업계의 전설적인 인물

'여왕'이라는 단어 하나로 더 이상의 설명이 필요 없는 오프라 윈프리Oprah Winfrey 또한 하루를 잘 보내기 위해 아침을 활용하는 것이 중요하다고 강력히 주장하는 사람 중 하나입니다.

그녀는 오전 6시 2분에서 20분 사이에 알람 없이 기상합니다. 본인이 원하는 기상 시간을 전날 취침하면서 정한다고 하네요. 카푸치노를 한잔 만든 뒤 러닝머신 등으로 아침 운동을 합니다.

또한 매일 아침 명상을 한다는데요. 아무리 일정이 바쁘더라도, 최소한 10분, 바쁘지 않을 경우 20분을 목표로 명상 시간을 가진다고 합니다. 심지어 집에 명상을 위한 특별한 공간이 있다고 합니다. 아침에 모든 것들에 감사하는 시간을 갖지 못했다면, 밤에 감사 일기에 적습니다.

명상 시간이나 감사의 시간을 아침 습관에 활용해 보는 것 어떨까요?

> "지금 당신이 가지고 있는 것에 대해 감사하세요. 결국엔 더 많은 걸 얻게 될 것입니다. 만약 지금 갖지 못한 것에 집중한다면 아무리 많이 가졌다고 해도 결코 충분하다고 여기지 못할 거예요."
>
> \- 오프라 윈프리

1

2

DATE ________

52일 밤

오늘 나는 ________에 잠들고 내일 ________에 일어날 것이다.

스스로 사소하게 여기지만 사실 대단한 부분이 있다면 뭘까요?

____

____

오늘 하루에 대한 소감

____

____

내일의 아침 습관

완수했나요?

1. ________ ☐
2. ________ ☐
3. ________ ☐
4. ________ ☐
5. ________ ☐

53일 낮

전날 나는 ________에 잠들고 오늘 ________에 일어났다.

오늘의 가장 중요한 것

____

내가 행복해질 수 없다고 생각하는 장소가 있다면 어디인가요?

____

____

54일 실천 팁

습관을 만들어가는 일을 이어가고 싶다면,
자신만의 『나의 아침 사용설명서』에 도전하세요.

주의 놀랍게도 이 책은 거의 끝을 향해 가고 있습니다. 사실 여기까지 잘 따라오는 독자는 많지 않습니다. 여기까지 온 것도 대단한 거예요. 이제 당신은 습관을 만드는 방법과 그 장점을 확인할 수 있는 단계에 들어섰다고 해도 무방합니다.

습관을 만들어나가는 일을 계속하고 싶다면 자신만의 『나의 아침 사용설명서』를 한 권 더 만들어 보세요. 노트 한 권을 펼치고 매일의 아침 습관과 기상 시간, 취침 시간을 적어보세요. 그날의 기분 등을 자유롭게 적어보는 것도 좋습니다. 계획한 날짜에 따라 아침 습관을 만드는 일은 이제 혼자서도 가능합니다.

"새로운 날이 시작될 때마다 새로운 힘과 새로운 생각도 함께 옵니다."
- 엘리너 루스벨트 Eleanor Roosevelt

1
2

DATE

53일 밤

오늘 나는 ________에 잠들고 내일 ________에 일어날 것이다.

오늘 누군가에게 어떤 식으로 긍정적인 영향을 미쳤나요?

오늘 하루에 대한 소감

내일의 아침 습관

완수했나요?

1. ☐
2. ☐
3. ☐
4. ☐
5. ☐

54일 낮

전날 나는 ________에 잠들고 오늘 ________에 일어났다.

오늘의 가장 중요한 것

나를 개선할 수 있는 작은 실천은 무엇이 있을까요?

55일: 확언

1. 방해받지 않고 혼자 있을 수 있는 편안한 장소를 정합니다. 혼자만의 공간을 찾지 못한다면, 아래의 확언을 산 정상에서 크게 소리친다는 상상을 하면서 머릿속으로 행합니다.
2. 활력이 넘친다고 여겼던 순간, 세상 무서울 게 없던 때를 떠올리세요. 그 순간 드는 온갖 감정을 활용해 지금의 당신에게 적용시켜 봅니다. 그때 당신은 어떤 기분이 들었나요? 기운이 넘치고, 아무도 날 막을 수 없을 것 같고, 믿을 수 없이 강력한 존재 같았나요? 지금 그 기분을 느껴봅시다!
3. 그 강렬함을 열 배로 강화시켜 봅시다. 열정적으로 아래와 같이 말해봅시다.

"아침 습관을 계속하는 건 매일매일 새로운 에너지를 발견하고
내면의 힘을 일깨워준다. 아침 습관은 가장 멋진 내가 될 수 있는 지름길이다."
"최상의 내가 되면 친구와 가족, 주변 모든 사람에게 더 많은 사랑을 전할 수 있다.
이 세상에 퍼지는 긍정적인 에너지의 선두주자가 되는 거지!"

한 번 더 반복합니다.

"당신의 컴포트 존이 끝나는 바로 그 지점에서부터, 인생은 시작됩니다."
- 『신과 나눈 이야기』의 저자 닐 도널드 월쉬 Neale Donald Walsh

DATE

54일 밤

오늘 나는 ________에 잠들고 내일 ________에 일어날 것이다.

오늘 한 일 중 미래에 긍정적인 영향을 미칠 것 같은 일을 꼽아 보자면?

오늘 하루에 대한 소감

내일의 아침 습관

완수했나요?

1. ☐
2. ☐
3. ☐
4. ☐
5. ☐

55일 낮

전날 나는 ________에 잠들고 오늘 ________에 일어났다.

오늘의 가장 중요한 것

하루 중 가장 집중하고 싶은 시간은 언제인가요? 그 시간을 어떻게 보내고 싶나요?

56일: 실천 팁

거울 속 자신을 보며 30초 동안 미소를 지어보세요

자존감을 올리기 위해 절대 실패할 일 없는 탁월한 방법입니다. 한번 습관을 들인다면 '이전에는 어떻게 이걸 하지 않았지?' 생각하게 될 정도로요.

먼저 어떤 미소인지가 중요합니다. 얼빠진 함박웃음을 지을 필요 없이, 살짝 미소 짓는 걸로 충분합니다. 각자에게 효과는 다르지만, 핵심은 하루를 시작하기 전의 이 습관이 긍정적인 효과를 준다는 것입니다. 이상하지 않을까 싶지만 우선 믿고 시도해 보세요.

해본 사람들은 단 한 번의 시도만으로도 효과가 크다고 말합니다. 말 그대로 거울 앞에서 미소 짓는 것은 우울감을 날리는 효과가 있으며 우리 내면에 알게 모르게 쌓인 스트레스를 녹여버립니다.

이 습관의 기본은 스스로의 몸과 마음을 깊이 살펴보고 점검하는 일입니다. 스스로의 신체에 '나는 행복해'라는 심리적 메시지를 보내고 받아들이게 합니다. 하루 30초의 행복은 생각보다 더 오래 지속됩니다.

> "매일 아침은 새로운 가능성을 열어줍니다. 전날 있었던 안 좋았던 일에 연연한다면 다가올 수많은 가능성을 놓칠 수 있습니다."
>
> - 기업가이자 『목마르기 전에 우물을 파라』 작가 하비 맥케이 Harvey Mackay

1

2

DATE

55일 밤

오늘 나는 ________에 잠들고 내일 ________에 일어날 것이다.

오늘 사람들에게 받은 정서적 반응 중 자랑스러웠던 것은?

오늘 하루에 대한 소감

내일의 아침 습관

완수했나요?

1. ☐
2. ☐
3. ☐
4. ☐
5. ☐

56일 낮

전날 나는 ________에 잠들고 오늘 ________에 일어났다.

오늘의 가장 중요한 것

가장 최근 결심을 어겼던 순간은 언제입니까? 또 이런 일이 반복되지 않으려면 어떻게 하는 게 좋을까요?

57일: 확언

1. 방해받지 않고 혼자 있을 수 있는 편안한 장소를 정합니다. 혼자만의 공간을 찾지 못한다면, 아래의 확언을 산 정상에서 크게 소리친다는 상상을 하면서 머릿속으로 행합니다.
2. 활력이 넘친다고 여겼던 순간, 세상 무서울 게 없던 때를 떠올리세요. 그 순간 드는 온갖 감정을 활용해 지금의 당신에게 적용시켜 봅니다. 그때 당신은 어떤 기분이 들었나요? 기운이 넘치고, 아무도 날 막을 수 없을 것 같고, 믿을 수 없이 강력한 존재 같았나요? 지금 그 기분을 느껴봅시다!
3. 그 강렬함을 열 배로 강화시켜 봅시다. 열정적으로 아래와 같이 말해봅시다.

"매일매일, 내 인생의 잠재력이
무한하다는 걸 깨닫는다.
이런 나를 아무도 막을 수 없어."
"내가 가는 길에 어떤 장애나 도전이 생기더라도
헤쳐 나갈 것이다.
나 자신보다 더 큰 존재는 없다는 걸 아니까."
"하루하루 나 자신을 발전시키고,
시간이 지날수록 커지는 눈덩이처럼
내 인생은 믿을 수 없을 만큼 성공할 것이다."

한 번 더 반복합니다.

DATE

56일 밤

오늘 나는 ________에 잠들고 내일 ________에 일어날 것이다.

오늘 하루, 내 인생관은 어떻게 긍정적으로 바뀌었나요?

오늘 하루에 대한 소감

내일의 아침 습관

완수했나요?

1. ☐
2. ☐
3. ☐
4. ☐
5. ☐

57일 낮

전날 나는 ________에 잠들고 오늘 ________에 일어났다.

오늘의 가장 중요한 것

열정적으로 오늘의 목표를 이룰 수 있는 장소는 어디인가요?

58일: 실천 팁

**'평소 상태에서 벗어났다'는 생각이 들면,
상태를 바꾸기 위해 육체적인 행동을 취합니다.**

휴일을 대비하는 것과 평일에 습관을 지키기 위해 애쓰는 것은 아주 중요합니다. 사실 이 책에서 소개하는 많은 실천 팁은 대체로 이 두 가지와 연결됩니다. 습관을 지키지 못하는 날에도 당신이 원하는 바를 이어가는 건 힘들지만 보람 있는 일입니다.

현실적으로 말해봅시다. 가끔 계획을 지키지 못하는 건 불가피한 일이지만, 완전히 실패했다는 막다른 기분이 들 수도 있습니다. 기분이 좀 나아지도록 노력하는 건 이 단계에서는 별 도움이 안 됩니다.

정말로 효과가 있는 건 실질적인 행동으로 신체에 생리학적인 충격을 주는 것입니다. 평소 상태에서 벗어났다고 느낀다면 육체적인 상태를 바꿀 수 있는, 체내 산소량과 아드레날린, 엔도르핀 등을 늘릴 수 있는 육체적인 행동을 취합니다. 다음과 같은 행동을 추천합니다.

1. 아주 깊게 5번 복식호흡을 합니다.
2. 30초 만이라도 운동을 하거나 몸을 움직입니다.
3. 차가운 물에 샤워합니다.

> "아침 일찍 일어나는 것은 같은 날짜를 살더라도 훨씬 많은 시간을 살게 되는 것과 같습니다. 더 많이 살게 될 뿐 아니라, 더 다양한 방법으로 살게 되는 것이죠."
> - 칼렙 콜튼Caleb C. Colton

DATE

57일 밤

오늘 나는 ________에 잠들고 내일 ________에 일어날 것이다.

내가 목표로 한 미래의 내가 되기 위해 오늘 이뤄야 할 것은?

오늘 하루에 대한 소감

내일의 아침 습관

완수했나요?

1. ☐
2. ☐
3. ☐
4. ☐
5. ☐

58일 낮

전날 나는 ________에 잠들고 오늘 ________에 일어났다.

오늘의 가장 중요한 것

오늘 내가 한 일 중 긍정적인 효과로 이어지는 것을 하나 꼽는다면?

59일: 성공 사례

스콧 애덤스, 딜버트 사의 창립자

인터넷 뉴스 『비즈니스 인사이더』에 의하면 스콧 애덤스Scott Adams는 아침 습관으로 자신의 창의성을 최대한 끌어올린다고 합니다. 그는 "저의 진정한 가치는 일하는 몇 시간이 아니라 어떤 날이든 그날 떠오른 최고의 아이디어에서 나옵니다"라고 말했습니다.

애덤스는 매일 아침 단백질바와 커피로 아침을 먹습니다. "저는 이 식단을 고수하는 걸 제가 여타 동물처럼 훈련될 수 있다는 걸 확인하는 '의식'으로 생각합니다. 그렇게 일어나서 생산성을 높이도록 스스로를 훈련하는 거죠. 아주 효과적인 방법이랍니다."

이런 방식을 아침 습관에 도입해 하루의 창의력을 자극하는 건 어떨까요? 당장 주제에 상관없이 열 가지 아이디어를 브레인스토밍해 보는 건 어떨까요? 작가 제임스 아처James Archer가 추천하는 방법입니다.

> "아침 습관에 따라 남은 하루가 결정됩니다. 아침에 시간에 쫓기고 스트레스를 받았다면, 그 기분이 하루 종일 이어지는 거죠."
>
> - 건강, 과학 분야 저널리스트 테사 밀러Tessa Miller

DATE

58일 밤

오늘 나는 ________에 잠들고 내일 ________에 일어날 것이다.

오늘 어떤 식으로 스스로를 사랑하고 돌보았나요?

오늘 하루에 대한 소감

내일의 아침 습관

완수했나요?

1. ☐
2. ☐
3. ☐
4. ☐
5. ☐

59일 낮

전날 나는 ________에 잠들고 오늘 ________에 일어났다.

오늘의 가장 중요한 것

내가 나의 최대치를 끌어내지 못하는 이유는?

60일: 축하합니다!

드디어 아침 사용설명서의 마지막 부분까지 왔군요.

이제 당신은 인생에서 가장 완성하기 어려운 습관 중 하나인, 아침을 자신의 것으로 만드는 데 성공했습니다.

여기까지 왔다는 건 정말 축하할 일입니다. 이제 당신의 의지력과 자신감은 하늘을 찌를 듯합니다. 대부분의 사람은 시도도 하지 못할 많은 교훈을 얻었을 테고요. 당신은 자신의 몸과 마음, 감정을 통제하기 위해 노력했고, 이제 그를 제어할 수 있는 능력이 생겼습니다. 이제 당신 내면에 마음먹기만 하면 어떤 목표라도 성취해 낼 수 있는 힘이 생겼다는 게 느껴질 겁니다.

내면의 그 힘은 이제 살면서 언제든 필요할 때마다 꺼내 쓸 수 있습니다. 아주 멋진 일이죠. 계속 습관을 지켜나가고 개인적 성장을 이룰 수 있도록 이 경험을 잊지 말고 지속하세요. 당신만의 아침 습관을 만들어보세요.

DATE

59일 밤

오늘 나는 ________에 잠들고 내일 ________에 일어날 것이다.

오늘 하루, 내 인생관은 어떤 긍정적인 방향으로 바뀌었나요?

오늘 하루에 대한 소감

내일의 아침 습관

완수했나요?

1. ☐
2. ☐
3. ☐
4. ☐
5. ☐

60일 낮

전날 나는 ________에 잠들고 오늘 ________에 일어났다.

오늘의 가장 중요한 것

나를 개선할 수 있는 작은 실천법에는 무엇이 있을까요?

~~STEP 3~~

완료.

3단계 복습

21~60일 이후

1. 『나의 아침 사용설명서』를 시작하기 전 당신의 삶은 어떠했나요? 그때와 비교해서 지금은 어떤 변화가 있나요?

2. 이 모든 과정에서 예측하지 못한 효과가 있다면 무엇인가요?

3. 다시 습관을 만들기 위해 노력할 일이 생긴다면, 이번 경험에서 어떤 점을 기억해야 할까요?

4. 아침 습관을 통해 얻게 된 추진력을 계속 유지하려면 어떤 방식으로 습관을 유지하고 책임감을 가지는 게 좋을까요?

DATE

DATE

DATE

DATE

나의 아침 사용설명서

초판 1쇄 인쇄 2020년 11월 25일
초판 1쇄 발행 2020년 12월 10일

지은이 해빗네스트

펴낸이 정동윤
책임편집 김민영
디자인 정해진
일러스트 민효인
경영총괄 이선희
전자책사업 정지향, 현명하

펴낸곳 닐다
등록 2016년 2월 29일 제 25100-2016-000021호

주소 경기도 고양시 덕양구 권율대로 668 209-2호
전화 070-8161-8004
팩스 0303-3443-8004
이메일 nildapub@gmail.com
페이스북 https://www.facebook.com/nildabooks

ISBN 979-11-89774-48-6 13300